JN436674

김선재 에세이

마음껏 슬퍼해요, 우리

마음껏 슬퍼해요, 우리
— 단순하고 이성적인 그와 복잡하고 감성적인 그녀의 영화 이야기

초판 1쇄 발행 2016년 3월 2일

지은이 김선재
펴낸이 황규관
편집 김은경

펴낸곳 삶창
출판등록 2010년 11월 30일 제2010-000168호
주소 서울 마포구 대흥동 252-1번지 302호

전화 02-848-3097
팩스 02-848-3094
홈페이지 samchang.or.kr

ⓒ 김선재, 2016
ISBN 978-89-6655-051-7 03810

* 이 책의 전부 또는 일부를 재사용하려면
반드시 지은이와 삶창 양측의 동의를 받아야 합니다.
* 책값은 뒤표지에 표시되어 있습니다.

김선재 에세이

마음껏 슬퍼해요, 우리

단순하고 이성적인 그와
복잡하고 감성적인 그녀의 영화 이야기

삶창

프롤로그

To him

[필요한 거 없어요?]

그에게서 문자가 온 것은 아빠의 장례식이 끝나고 얼마 지나지 않은 어느 날이었다. 그때 우리는 아는 사이인 동시에 안다,라고 말하기 쉽지 않은 사이였다. 그러니까 서로 거기 있다는 사실은 알았지만 인사를 주고받거나 문자를 나누는 사이는 아닌, 그냥 알지도 모르지도 않은 정도로 아는 그런 사이.

그의 문자로 인해 나는 조문객들에게 미처 조문 답례장을 보내지 않았다는 사실을 깨달았다. 아직 아버지의 죽음에 뒤따르는 절차가 남아 있었다. 모두 형식적인 것들이었지만 어쨌거나 최소한의 형식을 갖춰야 하는, 부모의 죽음이었다. 나는 고맙다고 문자를 보냈다. 며칠 후 다시 그에게서 문자가 왔다. 물끄러미 작약의 꽃봉오리가 벌어지는 것을 바라보고 있을 즈음이었다. 왜 아빠는 마당 가득 작약만 심어 놓고 가셨을까, 왜 작약의 꽃봉오리가 이렇게 뜨겁게 느껴질까, 그런 생각을 하던 오후였다.

그건 아무것도 하고 싶지 않다는 의미였다.

그가 알아들어도 좋고 몰라도 좋았다.

사실 내가 무슨 말을 하고 무슨 생각으로 사는지

나조차도 알 수 없는 시절이었다.

그런데도 그라면, 내 말뜻을 알아들어줄 것 같았다.

그라면 그냥,이라는 말이 담고 있는

절대적인 상태를 이해해줄 것 같았던 건 왜였을까.

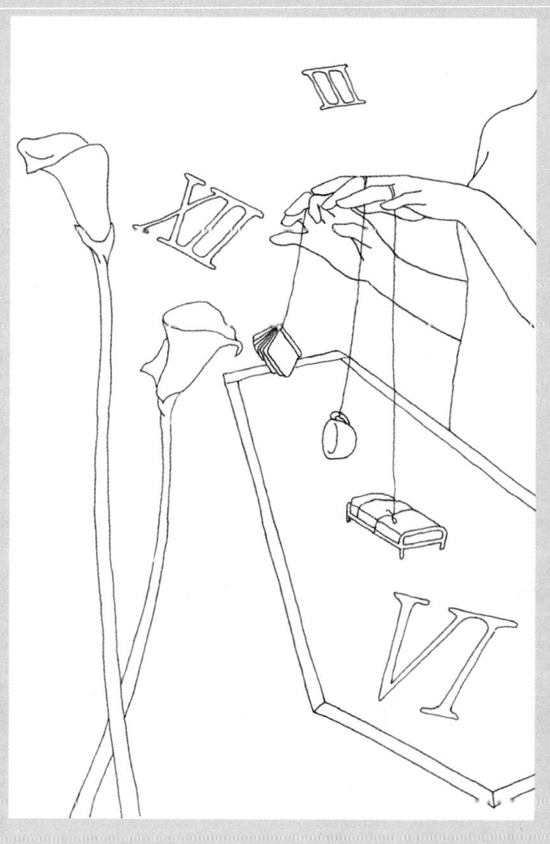
III
XII
VI

[필요한 거 없냐고요.]

며칠 동안 조문 답례장을 보냈고 여기저기서 여러 통의 애도와 위로의 문자가 도착했다. 모든 게 노동 같았고 모든 게 쓸모없는 일인 것 같았고 모든 게 필요 없는 일처럼 여겨지던 나날이었다.

[그냥 놀고 싶어요.]

그건 아무것도 하고 싶지 않다는 의미였다. 그가 알아들어도 좋고 몰라도 좋았다. 사실 내가 무슨 말을 하고 무슨 생각으로 사는지 나조차도 알 수 없는 시절이었다. 그런데도 그라면, 내 말뜻을 알아들어줄 것 같았다. 그라면 그냥,이라는 말이 담고 있는 절대적인 상태를 이해해줄 것 같았던 건 왜였을까. 아주 훗날 그는 그날의 그냥에 대해 말했다.

— 이 여자도 기억하는구나, 그런 생각을 했어.

— 뭘 기억해?

— 아주 오래전에, 당신을 처음 만났을 때 우리가 했던 말 기억 안 나?

— 우리가 무슨 말을 했지?

— 그냥,이라고 말해도 알아 들어줄 사람이 있는지 궁금하다고 그랬지, 당신이.

— 그걸 알아들었어?

— 아마.

— 그냥 말한 건데.

— 알아. 나도 그냥 연락한 거였어.

[그럼 그냥 영화나 같이 봐요.]

그의 그런 문자를 받았을 때 위층에 사는 누군가가 피아노를 치고 있었다. 〈기쿠지로의 여름〉이라는 영화의 OST였다. 나는 오래전에 봤던 영화 속의 무수한 골목길들을 떠올렸다. 어디에서 어디로 이어지는 건지 알 수 없지만 온갖 이야기와 비밀이 숨어 있는 작은 길들. 그런 길을 걸어보고 싶다는 생각을 했다. 세상은 아빠 없이도 여전히 별일 없이 흘러가고 있었다. 나 혼자 그 세계에서 길을 잃은 기분이었다.

나는 그에게 문자를 보냈다.

[그래요. 그냥 영화나 봐요.]

그와 영화를 보기 시작한 건 정작 해를 넘기고 나서였다. 초봄 무렵이었다. 봄이니 아무래도 좋다고 생각했다. 그게 시작이었다.

차례

프롤로그 To him 5

1부

코끼리가 개미집에 들어가기 〈건축학개론〉 15

위로의 언어 〈만추〉 25

죽음의 리얼리티 〈아무르Amour〉 35

사람이 사랑으로 닮아가는 동안 〈엘 시크레토El secreto de sus ojos〉 47

잘 자라고 말하는 시간 〈콜레라 시대의 사랑Love in the Time of Cholera〉 57

소리 나는 대로, 보이는 대로 〈비우티풀Biutiful〉 67

세계를 이루는 비밀 〈트리 오브 라이프The Tree of Life〉 79

삶을 대하는 오늘의 자세 〈서칭 포 슈가맨Searching for Sugar Man〉 91

그냥이라는 말 〈도쿄!Tokyo!〉 101

역설적인 판타지의 세상 〈스트레인저 댄 픽션Stranger than Fiction〉 109

2부

견디는 삶을 위하여 〈마스터The Master〉 121

악보 없는 인생 〈마지막 사중주A Late Quartet〉 131

거짓이 진실이 되는 순간 〈더 헌트The Hunt〉 143

불안은 쉽게 전염된다 〈테이크 쉘터Take Shelter〉 153

파국의 이미지로 가득한 생 〈멜랑콜리아Melancholia〉 163

포기하지 말아요 〈체인질링Changeling〉 173

손의 고백 〈아무도 머물지 않았다The Past〉 183

흔들리는 이야기 〈셰임Shame〉 191

에필로그 To her 〈Her〉 201

1부

코끼리가 개미집에 들어가기

〈건축학개론〉(2012)

지금은 곁에 없는 것. 이따금 생각날 때면 쓴웃음을 짓거나 잠깐 걸음을 멈추는 것. 이내 잊어버리지만 여전히 아무것도 아닌 것은 아닌 것. 내가 생각하는 첫사랑의 정의는 그런 것이다. 운 좋게 첫사랑에 성공하는 경우도 있지만 대개의 경우 그건 몹시 어려운 일이다. 나는 그에게 그건 코끼리가 개미집 들어가는 것만큼이나 어려운 일일 거라고 말했다. 내 말을 듣고 있던 그는 정색을 하고 대꾸했다.

— 코끼리가 개미집에 들어가는 일은 어려운 일이 아니라 불가능한 일이에요. 이런 경우에는 좀 더 유연한 예를 드는 게 좋지 않을까요.

여전히 이 세상은 발견되지 않은 비밀들로 가득하다. 그러니 내가 모르는 어딘가에 코끼리가 들어갈 만큼 커다란 개미집이 있거나 개미집에 들어갈 만큼 작은 체구의 코끼리가 존재할 수도 있다. 불가능과 가능의 경계는 관점에 따라 얼마든지 달라질 수 있다는 말이다. 나는 그러한 믿음들이 이 우울한 세계를 겨우 지탱하게 하는 요소일 거라 믿는다. 희미한 첫사랑에 대한 기억이 온 생에 그림자를 드리우는 것처럼 말이다. 물론 그에게 이런 말을 덧붙이지는 않았다.

타인과 완벽한 의사소통을 꿈꿀 나이는 지났다. 게다가 그는 남자고 나는 여자다. 이 세계를 사는 우리는 절대 완벽하게 서로를 이해할 수 없는 사람들이다. 핵심은 사라지고 꼬리에 꼬리를 무는 대화가 이어질 게 뻔하다. 나는 가방을 들고 일어섰다.

— 가요, 영화가 곧 시작될 거예요.

— 첫사랑이라니. 너무 뻔하지 않겠어요?

그가 마지못해 따라 나서며 중얼거린다. 그에게 물었다.

— 첫,을 뒤집으면 뭐가 되는지 알아요?

— 그걸 어떻게 뒤집어요?

— 첫,을 뒤집으면 마지막이 되는 거예요.

이 영화는 첫사랑에 대한 영화이면서 동시에 전 생애에서 마지막인 사랑에 대한 영화이기도 하다.

일상은 대개 누추하다. 바닥은 하루만 닦지 않아도 머리카락과 먼지가 밟히고 잠시라도 게으름을 피울라치면 신을 양말조차 없는 경우가 허다하다. 하루이틀 사이의 일은 아니다. 사는 일이 다 그렇지 않은가. 누구도 말하지 않지만 누구든 먼지와 머리카락을 못 본 척하거나 빨래통을 뒤져 어제 신었던 양말을 다시 신고 집을 나선 경험이 있을 거다. 어제와 다른 오늘을 기대하며, 오늘은 뭔가 특별한 일이 생길 거라 애써 믿으며. 물론 그 특별하고 다른 일이 반드시 좋은 일일 수만은 없다는 걸 안다. 다만 좋은 일도, 나쁜 일도 나를 끊임없이 움직이게 하는 힘이 된다는 사실을 받아들여야 한다. 아무도 내게 가르쳐준 적은 없지만 세상은 걷고 달리고 날고 흔들리고 돌아보고 그러다 다시 걸어가야 한다는 것을 이제 안다.

내일은 다시 오늘이 될 것이다. 불투명한 미래에 대해 내가 아는 사실은 그럼에도 불구하고 살아야 한다는 사실뿐이다. 얼마 전 대형마트에서 마주쳤던 '그'가 떠올랐다. 다시는 만날 수 없을 거라 여겼던 사람이었다. 그러나 살다 보니 그런 날도 있다. 첫사랑이었던 상대를 동네 마트에서 다시 마주치는 그런 거짓말 같은 날.

그는 자신의 배우자와 함께였고 나는 혼자였다. 악수를 한다거나 눈인사를 하는 일은 영화나 소설 속의 일이었다. 우리는 무심히 지나쳤다. 아주 짧은 순간이었다. 실감조차 없었다. 과일 진열대에서 그와 다시 마주치지 않았다면 분명 잘못 본 거라고 생각하고 말았을 거였다. 하지만 배가 나오고 이마가 좀 넓어졌지만 분명히 그였다. 스무 살이었던 나에게 화장을 잘 못한다고 타박하고 다리가 예쁘지 않다고 놀리던 사람. 그가 그임을 확신한 순간 나는 재빨리 내 상태를 점검했다. 평소대로 무릎 나온 트레이닝 바지에 군데군데 치약 얼룩이 있는 티셔츠에 어울리는 슬리퍼까지 신고 있었더라면 나는 나를 오랫동안 용서하지 못했을 거다. 잘 보이고 싶었다. 누군가 그 이유를 묻는다면 나는 예의 때문이었다고 변명할 것이다. 그건 첫사랑이라는 단어에 대한 예의였고 내가 지나온 시간들에 대한 예의였고, 나에 대한 예의였다.

비록 좋은 기억보다는 나쁜 기억이 많았던 시간들이었지만, 많은 것이 처음인 시간이었다. 그 기억들을 지나온 지금의 내가 나쁘지 않은 모습임을 내 '첫사랑'이 알아봐 주기를 바랐던 것이다.

— 그건 판타지예요.

한동안 말이 없던 그가 불쑥 말한다. 그 말에 어느 정도는 동의한다. 어쩌면 내가 생각하는 예의조차 그 판타지의 범주에 속하는 것일지도 모른다. 하지만 '첫'이라는 단어만큼 서툴고 두근거리는 어감을 가진 단어가 또 있을까. 그건 세상에 태어나 한 번뿐인 사랑이다. 그와 내가 본 영화 〈건축학개론〉은 그 판타지에 특정한 시공간을 부여한 영화였다. 그 시공간이 특별하거나 거창한 곳이 아니라서 더 애틋했다. 판타지지만 너무나 친숙한 판타지. 첫사랑은 그런 것이었다.

영화 속 주인공들은 건축학개론 개강 수업에서 처음 만났다. 교수는 이렇게 말한다.

"자기가 사는 동네를 여행해보는 거예요. 평소에 그냥 무심코 지나치던 동네 골목들, 길들, 건물들. 이런 걸 한번 자세히 관찰을 하면서 사진으로 기록을 남겨보세요. 자기가 살고 있는 곳에 대해 애정을 가지고 이해를 시작하는 것. 이게 바로 건축학개론의 시작입니다."

사랑은 풍경을 재배치하면서 시작된다. 어느 날 아침, 갑자기 동네 어귀의 집 담벼락을 넘어오는 라일락 향기가 새롭게 느껴지기도 하고 창가에 비치는 햇빛의 질감이 더없이 부드럽게 느껴진다. 그게 사랑에 빠졌다는 신호인 걸 모르는 남녀는 그 새로운 세상에서 마냥 즐겁다. 관심도 없었던 거리의 이름을 외우고 지형을 더듬으며 그들만의 지도를 만들어간다. 그리고 마침내 그 지도의 일부가 된다.

일상은 대개 누추하다.

바닥은 하루만 닦지 않아도 머리카락과 먼지가 밟히고

잠시라도 게으름을 피울라치면 신을 양말조차 없는 경우가 허다하다.

하루이틀 사이의 일은 아니다. 사는 일이 다 그렇지 않은가.

누구도 말하지 않지만 누구든 먼지와 머리카락을 못 본 척하거나

빨래통을 뒤져 어제 신었던 양말을 다시 신고 집을 나선 경험이 있을 거다.

어제와 다른 오늘을 기대하며, 오늘은 뭔가 특별한 일이 생길 거라 애써 믿으며.

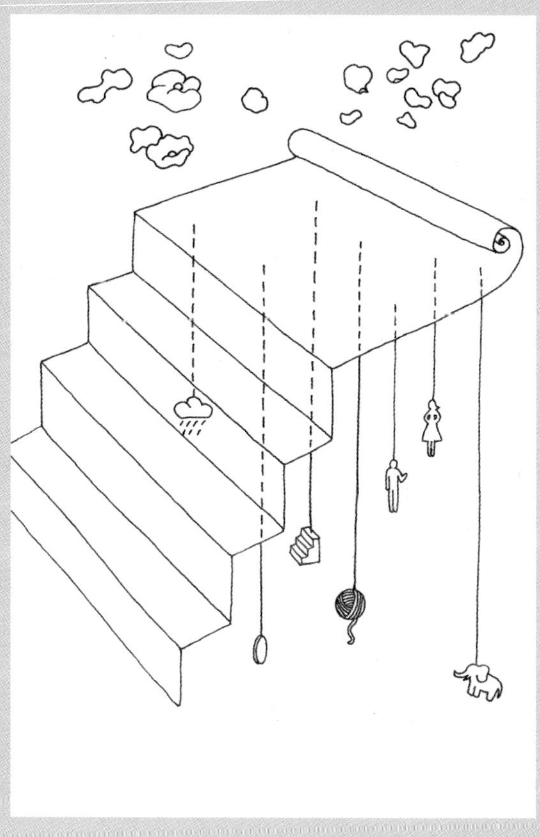

— 이 영화에서 가장 설득력 있었던 게 뭔지 알아요?

그는 영화 속 주인공들이 지나치게 전형적이라고 했다. 그런 인물들이 설득력 있게 표현된 것은 결국 그 시절의 노래나 지금은 사라진 CD 플레이어, 필름 카메라, 삐삐, 유명 브랜드의 카피 티셔츠, 도끼빗과 무스와 같은 추억의 소품들, 그리고 조연이라고 불리는 개성적인 인물들 덕분이라는 것이었다. 그들이 빛난 것은 스스로의 힘이라기보다 그들을 둘러싼 공간적인 요소의 힘이라는 주장은 분명 설득력이 있었다. 그가 말한 대로 영화의 배경은 우리를 우리의 '그때'로 데려가는 데 중요한 역할을 했다. 그중 내가 영화에 몰입할 수 있었던 것은 어쩌면 주인공을 둘러싼 조연들 때문이었다.

누구나 삶의 주인공이 되기를 원한다. 하지만 그런 바람과는 상관없이 누군가의 조연이 되어야만 하는 순간들도 있다. 그 시간들을 오래 잊고 있었다. 친구의 아픔을 나눠 갖고 그들의 기쁨도 내 것처럼 여기던 시절을 말이다. 영화를 보는 내내 지금보다 서툴고 촌스러워서 순수했던 한때의 시간들을 떠올렸다. 그때 우리에게 서로가 있어서 참 다행이었다는 사실을 너무 늦게 깨달은 거다. 오랫동안 잊고 지내던 책을 다시 펼쳐 밑줄을 긋는 기분이었다.

— 결국 그들이 합의한 최종 설계가 리모델링이라는 것도 퍽 은유적이라 생각해요.

그의 말대로 이 영화는 결국 기억 위에 새로운 기억을 입힌 집을 짓는 것으로 끝난다. 현실(현재)은 오래되고 낡은 시간들(과거)이 만들어낸 고유한 지도일지도 모르겠다고 생각했다. 그래서 각각의 공간에 남은 이야기들은 이미 오래전에 완료된 것이면서 영원히 계속되는 이야기가 될 수도 있는 것이겠지. 결국 나를 이끈 것은 기억이었고 나를 나로 살게 한 것도 그거였다. 우리는 착하고 어리고 애틋한 기억을 지나온 각각의 '나'들이었다.

사랑은 모두 각각의 모습을 갖지만 사랑이 사랑이라 명명되는 순간부터 사랑은 전형이라는 굴레에 갇힌다. 반면에 사랑을 정의할 수 있는 말도 없다. 그런 의미에서 사랑은 모든 것을 뜻하는 단어이면서 동시에 그 모든 것의 바깥에 있는 단어다. 게다가 한 존재가 평생에 한 번밖에 경험할 수 없는 첫사랑이라면 더욱 더 그럴 것이다. 상투성은 결국 보기에 따라 개별적인 서사로 재해석된다.

— 역시 개미가 코끼리 집에 들어간다는 표현이 더 현실적이지 않겠어요?

헤어지며 그가 그렇게 말했다. 내내 그런 걸 궁리했을 그 앞에서 웃을 수밖에 없었다. 나와 다르다고 해서 틀린 것은 아니다. 어쩌면 그의 말이 맞을지도 모른다. 어쨌거나 사랑은 새로운 '집'으로 들어가는 것이다. 비록 그것이 불가능하거나 어려운 일이라고 해도 꿈꾸는 동안은 그렇게 믿는 수밖에. 불이 켜진 상영관을 빠져나온 사람들이 그렇듯 그와 나는 저물녘을 향해 걸어가며 더 이상 별말이 없었다.

위로의 언어

〈만추〉(2011)

모든 고백은 사적私的이다. 또한 고백의 언어는 모호하고 은밀한 기호체계를 갖는다. 그 모호하고 은밀한 기호는 가끔 해독이 불가능하거나 전혀 엉뚱하게 전달될 가능성을 내포한다. 그런 위험에도 불구하고 우리는 가끔 고백이라는 행위를 멈출 수 없다. 소리 내어 '말한다'는 행위 자체가 이미 위안의 내용인 경우도 있으니까. 비록 그 '언어'가 이해나 소통의 기능을 상실하더라도 상관없는 것은 그 때문일지 모른다. 고백은 어쩌면 내가 나를 위로하는 가장 근본적인 방법 중 하나다. 그것이 무형의 언어가 가진 힘이다. 그래서 모든 고백은 잠정적으로 독백의 형식을 띠고 그 형식은 자기 구원의 의미를 갖게 된다. 그런 의미에서 이 영화의 마지막 장면에 등장하는 독백은 퍽 문학적이라 여겨졌다.

여기 고백을 시작하는 여자와 그녀의 고백을 듣는 남자가 있다. 그러나 남자는 여자의 말을 알아듣지 못한다. 각각의 모국어가 다르기 때문이다. 그들이 소통할 수 있는 방법은 제3의 언어인 영어를 통해서인데 지금 막 시작한 그녀의 고백은 영어가 아니다. 왜 그녀는 그 많고 많은 사람들 가운데서 하필이면 이 남자에게 고백을 시작하는 것일까. 게다가 남자가 알아들을 수 없는 언어를 골라서 말이다.

— 그건 그 남자가 여자에게 전혀 낯선 존재이기 때문이라고 생각해요. 그러니까 여자는 고백의 형식을 빌려 독백을 하는 거라는 말이죠.

— 왜 굳이 고백의 형식을 빌렸을까요?

— 고독하니까.

— 경험이 있는 사람처럼 말하네요.

— 나도 때로 집에서 키우는 식물에게 내 비밀을 털어놓곤 해요. 할 수 없는 말을 하고 싶어 견딜 수 없는 시간은 누구에게나 있다고 생각해요. 임금님 귀가 당나귀 귀라는 비밀을 털어놓은 곳도 결국 대나무 숲이었잖아요. 우리에게는 그런 사람이나 장소가 필요해요. 상대가 들어도 지금 내 상황에 위협이 되지는 않을 거라는 믿음이 생기

잖아요. 그 믿음이 용기를 북돋워 주는 거고.

'만추晩秋'는 인디언의 월력에 의하면 '아무것도 남지 않은 것은 아닌 달'에 해당한다. 모든 것이 곧 눈과 얼음에 뒤덮여 사라지겠지만 지금은, 아직 남은 것들이 있다. 이 영화 속에서 일관되게 흐르는 희미한 빛은 시종일관 그 있음과 없음 사이를 길항한다. 결국 끝없이 흔들리며 삶이라는 통로를 지나가야 한다는 듯이.

영화 속 주인공들은 이제 막 만났고 기약 없이 헤어진다. 그러므로 서로를 위로하거나 구원할 수 없다. 한시적인 외출이 허용된 여자와 외줄을 타듯 아슬아슬한 삶을 사는 남자 사이에서 유일한 공통점은 미래에 대한 어떤 예감이나 희망을 꿈꾸지 않는 사람들이라는 점이다.

— 그런 상황에서 누군가를 만나는 게 가능할까요.

— 원래 더 이상 잃을 게 없는 사람들은 용감해지지 않을까요. 사람이 사람을 만나는 일에 용기가 필요하다고 한다면 그보다 더 좋은 기회가 없을 거예요. 인생에서 계산하거나 따지지 않고 사람을 만날 시간이 많지 않기도 하고.

사람이 사람을 만나는 일에 용기가 필요하기는 하다. 그러나 그들의 만남은 용기에서 기인하는 것이라기보다는 절망의 나날 속에서도 한사코 사라지지 않는 희미한 빛 때문이었을 것이다. 시종일관 말이 없는 여자에게 남자가 끌린 것도, 필요 이상으로 많은 말을 하는 남자에게 여자가 끌린 것도, 모두 그 뒤에 숨겨진 쓸쓸한 표정을 알아봤기 때문이다. 사람이 사람과 소통하는 건 언어를 통해서가 아니다. 또한 사랑은 읽는 것이 아니라 온몸으로 받아들이는 것이다. 그리고 가진 것이 없는 자들일수록 그 일련의 행위들은 더욱 순수해진다.

— 그런 의미에서 그 말은 퍽 의미심장하기는 했어요.

그가 한참 만에 불쑥, 그렇게 말했다. 남자에게 자신의 이야기를 털어놓던 여자의 '언어'에 대해 말하는 것이다. 남자가 알아듣지 못하는 말로 고백을 시작한 여자. 그의 말대로 그녀의 고백은 남자를 향한 것이 아니라 실은 자신을 향한 것처럼 보였다. 어쩌면 그 순간은 수신자를 향한 발화가 아니라 오랫동안 발화되지 못했던 자신의 '말'을 꺼내 놓기 시작한 순간이었다. 제3의 언어로는 도저히 표현할 수 없는, 내면의 언어다. 그러나 아이러니하게도 그 내면의 언어를 완성시킨 것은 그녀가 지나온 몸 밖의 시간들이다.

남편을 살해하고 복역 중인 여자는 어머니의 장례식에 참석하기 위해 72시간이라는 한시적인 자유를 얻어 시애틀로 돌아온 참이고 여자들에게 사랑을 파는 남자는 직업상의 이유로 도피 중이다. 예상치 못했던 시간을 부여받은 그들은 시애틀로 향하는 버스 안에서 만났고 당연히 헤어졌으나 우연을 가장한 남자에 의해 다시 만난다. 그리고 폐장된 놀이공원에서 낯선 연인들을 발견한다. 여자와 남자에게 시애틀에서의 시간은 그들이 처한 현실 밖의 시공간이므로 무엇을 해도 상관없는 시간이다. 남자가 충동적으로 복화술을 시작한다. 지켜보던 여자도 남자의 충동에 동참해서 자신이 아닌 다른 사람의 흉내를 내기 시작한다. 이곳이 아닌 어딘가의 시간이 시작되는 순간이었다.

— 가끔 내가 아닌 사람이 되고 싶을 때가 있어요.

나는 고백하듯 웅얼거렸다.

— 다들 그래요.

그가 웃으며 말했다. 별 뜻 없는 말이었지만 '다들 그렇다'는 말은 언제나 나에게 위안이 되는 말이다. 내가 틀린 건 아닌가 하는 불안과 긴장은 어른이 된 대가로 치러야 하는 우리들의 오랜 지병이다. 어른들에게도 때론 그래도 괜찮다고, 나랑 다르지만 그래도 틀린 건 아니라고 말해줄 누군가가 필요하다. '먹고사는 일에 아무 도움도 되지 않는(그는 영화를 보는 일에 대해 늘 이렇게 표현했다)' 행위들을 멈출 수 없는 건 그래서다. 어른이 되고 나서도 여전히 우리는 어른이 되기 위해 노력해야 한다. 삶에는 교본이 없다. 그것이야말로 불가능한 일이다. 그저 좀 더 나은 방향으로 가기 위해 애쓰는 어른이 있을 뿐이다.

영화 속 그들이 바랐던 것처럼 나 또한 이곳이 아닌 어딘가를 꿈꾼다. 그때마다 그는 나를 이상주의자라고 놀리지만 이곳이 아닌 다른 어딘가를 꿈꾼다는 말은 이곳을 정확히 직시하기 위한 내 나름의 노력이다. 꿈은 여기가 아닌 곳을 향한 상상이며 희망이다. 다시 말해, 꿈을 꾸는 사람은 여기가 어디인지 '아는' 사람들이다. 비록 늘 꿈에서 깨어나야 하는 순간이 찾아오지만 다시 꿈꿀 수 있다는 희망이야말로 언제나 우리를 더 나은 방향으로 이끈다. 이 영화 속에서 타인의 입을 빌려 꿈의 대화를 나누는 두 남녀 또한 그 사실을 알고 있는 사람들이리라.

물론 복화술은 이곳이 아닌 어떤 곳의 어법으로 표현된다. 지금이라는 현실의 시공간은 해체되고 다시 조립되어 '나'는 더 이상 내가 아니고 '너' 또한 네가 아니다. 일상의 모든 것을 지배하는 중력으로부터 벗어난 무중력의 세계. 그곳에서 그녀와 그는 '나'라는 위치에서 벗어나 자신들의 실체적 무게를 잊는다. 일상을 규정하고 지배하는 윤리와 도덕 때문에 도저히 말할 수 없었던 개인의 언어들이 그들 눈앞의 낯선 여자와 남자의 몸을 통해 입 바깥으로 꺼내지는 순간, 그들은 처음으로 서로에게 의미 있는 존재가 된다. 여자의 고백은 그런 사적 언어를 공유한 직후에 시작된다. 그러므로 여자의 고백을 남자가 알아듣지 못한다고 해도 이미 그 고백은 상대에게 전해진 것이나 다름없고 그 과정을 통해 그들은 진정한 소통을 이루게 된다.

막 사랑이 시작됐음에도 불구하고 화면 속의 시애틀은 여전히 흐리고 안개비가 흩날린다. 그들의 현실적 조건은 아무것도 변하지 않았다. 여자는 감옥으로 되돌아가야 하고 남자는 자신을 쫓던 무리와 맞닥뜨린다. 돌아가야 하고 책임져야 하는 것. 그것이 삶의 잔인한 진실이라는 것을 보여주는 것처럼.

세상의 모든 사랑은 사랑 이외에는 뭐라 이름 붙일 수 없다. 슬프거나 기쁘거나 나쁘거나 좋은 사랑은 없다. 사랑은 그저, 사랑이다. 비록 그 사랑의 모습이 아무런 미래를 예감하지 않는 모습이라고 해도 사랑하는 동안에는 이별이 유예된다. 2년이 지나 출소한 여자가 남자와 헤어졌던 마지막 장소에서 그를 기다리는 것은 그 때문이다.

카페의 문이 열리고 닫히고 다시 열리고 닫히는 동안 여자는 내내 남자를 기다린다. 그리고 고백처럼 다시 중얼거린다.

"오랜 시간이 지났어요……."

— 이런 영화도 판타지라고 생각해요?

영화는 단지 오락에 지나지 않는다고 주장하는 그에게 나는 물었다.

— 그것 또한 세상의 일부일지도.

애매모호하게 말끝을 흐리는 그가 조금 전과 달라보였다. 뭐가 달라진 걸까. 달려가는 차들이 일으킨 바람이 지나갔다. 그뿐만 아니라 나 또한 방금 전과 아주 조금, 달라진 느낌이었다.

— 그래서 그 나름대로의 미덕이 있겠죠.

우리는 버스 정류장에 서서 띄엄띄엄 그런 말을 나눴다. 그가 사는 동네로 가는 버스가 먼저 왔다. 적당한 배려와 적당한 예의와 적당한 친분이 전부인 우리는 늘 알아서 돌아간다. 우리는 그런 관계다.

— 또 봐요.

그가 멀어지며 말했다.

만추를 지나 모든 것이 얼어붙는 겨울에 다다랐다고 해도 그 겨울을 견딜 수 있는 힘은 봄에 대한 예감에서 비롯되는 것이다. 어떤 사랑은 모든 것이 끝났다고 생각하는 지점에서 시작된다. 사랑은 언제나 지금 머무는 여기가 아닌 어딘가로 향한 근원적인 감정이다. 따라서 그들의 고백은 복화술의 언어로 아직 진행 중이다. 그는 비웃겠지만 나는 우리에게 가장 마지막까지 남아 있는 희망은 사랑이라는 이름의 희망이라고 생각한다. 영화는 끝났지만 화면 밖에는 아직 무수히 많은 접속사들이 남아 있으니까.

그러나, 그래도, 그러므로, 그럼에도 불구하고……

오늘의 나를 위로하는 말들이다.

죽음의 리얼리티

〈아무르 Amour〉 (2012)

우리는 태어났고, 죽는다. 인간의 삶에서 가장 분명한 명제는 그것이다. 우리가 탄생이라는 과정을 통해 비로소 삶의 문을 열었던 것처럼 죽음은 다시 우리의 삶이 닫히는 마지막 수순이다. 어느 날, 혹은 어느 밤 그것이 머리맡에 앉아 있을 때야 비로소 알게 되겠지.

죽음, 너였구나. 너는 이런 모습이었구나.

미카엘 하네케의 영화 〈아무르〉를 보며 울었다. 죽음을 지켜보는 일만큼 고통스러운 일은 없다는 걸 너무나 잘 알던 즈음이었다. 그 죽음이 갈라놓을 때까지 사랑하는 일만큼 아름다운 일은 다시 없을 것이므로 오래 울지는 않았다.

— 슬퍼도 울 수 없는 나이가 오잖아요. 우리가 그 나이 정도 됐다고 생각했는데 아직도 영화를 보고 우는군요.

그의 위로는 대개 이런 식이었다. 늘 가벼웠고 친절이 지나치지도 않았고 적당히 냉소적이었다.

— 슬픈 걸 슬프다고 말하고 기쁜 걸 기쁘다고 말하는 게 이상한 것은 아니죠.

나는 은근히 발끈했다.

— 이상하다고 말한 적 없어요. 다만 신기하다고 생각하는 것뿐이에요.

— 울거나 웃지 않고 살 수는 없어요. 우리는 식물이 아니잖아요.

— 가끔 식물처럼 살고 싶은 때도 있어요. 그래서 대리 만족으로 식물을 키워요.

그는 자신의 베란다에서 자라는 화초들에 대해 얘기했다. 얼마 전에 꽃을 피운 호야와 삼 년째 꽃을 피우지 않는 벤자민, 그리고 어디선가 날아와 뿌리를 내린 단풍나무에 대한 얘기들이었다. 나는 그의 말을 들으며 아주 옛날 내가 살던 집의 앞마당에 날아다니던 단풍나무 홀씨를 기억했다. 부메랑처럼 날아오르는 그때의 기억을 떠올리며 웃었다. 우스울 일은 없었지만 걸핏하면 깔깔거리던 시절이 있었다. 달리 해야 할 말이 떠오르지 않을 땐 그때를 떠올리며 웃어보는 것도 나쁘지 않았다.

우리는 감정을 표현할 수 있는 종種이다. 사랑도 이 종의 일이다. 또한 사랑과 죽음은 누구도 대신할 수 없다. 그중 죽음은 이 세상의 모든 종이 생에 반드시 치러야 할 대가다. 어떤 차별이나 조건도 없다.

이미 연주회는 시작됐지만 카메라는 무대 위를 비추는 대신 연주회를 보러 모여든 사람들을 오래 응시한다. 객석을 향한 화면 속의 사람들과 그 화면을 바라보는 우리들은 각각 자신의 삶에 주인공이면서 오직 하나의 목적지를 향해 가는 사람들이다. 슬프게도 그것은 예측 가능한 진실이다. 그리고 도둑이 들었다.

연주회를 보고 행복하게 집으로 돌아온 노부부는 현관문이 뜯긴 것을 발견한다. 예민해진 여자에 비해 남자는 덤덤하다. 도둑은 원래 아무 집이나 터니까 괜찮다고 여자를 위로한다. 그리고 화면 밖으로 사라진 여자를 향해 말한다.

"당신, 오늘 얼마나 아름다운지 내가 얘기했나? 정말 아름다워."

도둑이 그런 것처럼 죽음은 아무 집으로나 들어올 수 있다. 죽음이 이미 자물쇠를 부수고 집 안으로 들어온 줄도 모르고 어둠이 넘

사랑은 몸이 없다.

그것은 함부로 발설할 수도, 정의할 수도 없는 언어 이전의 언어다.

잘 다려진 셔츠처럼 구김 없는 사랑도 사랑이고 추레하고 비루한 사랑도 사랑이다.

누구나 멋있고 아름다운 사랑을 꿈꾸지만 일상 속의 사랑은 결코 근사하지 않다.

그래서 무형의 사랑은 삶이라는 형태를 빌려 매번 새로 해석되거나 수정되고

우리는 그 사랑에 대해 정의를 내리려 하지 말아야 한다.

또한 확인하기 위해 애쓰지 말아야 한다.

은 남자가 여든이 넘은 여자에게 건네는 이 말은 주체적인 한 존재에게 전하는 마지막 고백이 된다. 현관문은 고쳤지만 이미 문 안으로 들어온 죽음을 내몰 길은 없다. 그리고 곧, 존엄과 의지를 박탈당한 육신과 그것을 지켜볼 수밖에 없는 시간들이 다가온다.

어느 날 아침 남자는 여자의 행동이 여느 때와 다르다는 것을 깨닫고 구급차를 부르지만 여자는 결국 집으로 돌아오는 쪽을 선택한다. 획일화된 환자복을 입고 규격화된 병실에서 무력하게 죽음을 기다리고 싶지 않다는 여자의 의지에 남자는 동의할 수밖에 없다. 사랑하는 사람이 원하는 일이다. 그들에게 새로운 어려움이 닥칠지라도 최선을 다해 견뎌낼 것이다. 오른쪽 손발이 마비된 여자가 남자의 도움 없이 어떻게든 책을 보고 식탁 앞에 앉아 포크를 들고 용변을 해결할 수 있는 동안에는 그들의 바람이 가능한 일처럼 보였다. 남자는 열린 창문으로 날아든 비둘기를 다시 창밖으로 쫓아내며 어쩌면 죽음조차 사랑으로 유예시킬 수 있다고 생각했을지도 모른다. 또한 불청객처럼 찾아온 죽음을 인간답게 맞이하리라고 다짐했을 것이다. 그러나 죽음은 인간의 결정 밖의 일이었다. 여자는 옛 사진첩을 들추며 그것을 깨닫는다.

— 슬프지 않아요?

— 뭐가 그렇게 내내 슬퍼요?

— 죽음과 맞닥뜨린 자의 품위는 결국 본인의 의지로 결정되는 게

아니라는 사실 말이에요.

그는 그것에 대해 슬프다기보다 '끔찍한 일'이라고 대답했고 나는 끔찍한 것과 슬픈 것의 차이에 대해 생각했다. 진저리가 쳐질 정도로 싫지만 누구에게나 닥칠 일이었다. 그래서 더욱 더 슬프고 무서운 일. 그도 결국 나와 비슷한 생각을 하는 모양이다. 다만 사용하는 어법이 다를 뿐이라는 생각이 들었다. 예전에는 미처 하지 못했던 생각이었다. 나는 왠지 조금 안심이 됐다. 우습게도 나는 그가 식물이 아니라는 사실에 안도하고 있었다.

인생은 아름답고, 너무 길다. 또한 어떤 깨달음은 희망이 사라진 후에야 온다. 어느 날 아침, 자신도 모르는 사이에 침대에 오줌을 싼 것을 깨달은 여자는 결코 열리지 않을 현관문에 자신의 휠체어를 몇 번이나 처박으며 스스로에게 분노한다. 그것은 곧 아랫도리를 드러낸 채 꼼짝없이 누군가 채워주는 기저귀를 견뎌야 할 모습으로 전락한 자신의 몸에 대한 분노다. 이젠 서재에서 베토벤이나 슈베르트의 음악을 들으며 책을 읽는 것은 고사하고 제대로 의사소통을 할 수도 없다.

언어를 갖고 있는 동안은 살아 있는 것이라는 말을 들은 적이 있다. 그런데 여자는 이제 언어를 잃어간다. 여자와 남자는 서로에게 더 이상 괜찮다고 말할 수 없다. 마지막까지 품위 있게 죽기를 희망하는 여자는 음식을 거부하고 남자는 그런 여자를 향해 처음으로 화를 낸다.

— 이 영화가 여타의 노년의 삶을 다룬 영화와 다른 건 '딸' 때문이었어요.

— 참 못된 딸이기는 하죠.

— 우리라고 안 그럴 거 같아요? 잘은 모르지만 그게 아마 리얼리티일 거예요.

그것에 대해 자신 있게 말할 수는 없다. 죽음은 죽을 때야 비로소 자신의 모습을 드러낼 것이다. 그의 말이 맞다. 노부부의 딸이 그들을 찾아왔을 때 남자는 여자가 누운 방의 문을 잠근다. 딸에게 엄마의 달라진 모습을 숨기는 장면은 남자가 자신의 딸과 아내를 사랑하는 방법론을 짐작하게 했다. 그 지점에서 영화는 다시 시작된다.

피붙이에게조차 보이고 싶지 않은, 존재에 대한 최소한의 배려.

나는 그것에 대해 상상해본 적이 없었다. 이해해보려고 시도한 적도 없었다. 그들의 딸도 마찬가지였다. 대책을 궁리해야 한다고 따지는 딸에게 남자는 냉정한 표정으로 되묻는다.

"어떤 대책이 있는데? 한번 말해보렴."

부부는 늙고 아이는 자란다. 그게 남자와 여자가 만나 가족이 되는 순간부터 시작되는 '가정family'이라는 세계의 법칙이다. 딸은 자신이 책임질 수 없는 여러 대안들을 늘어놓다가 무력하게 돌아간다. 남자는 여자를 방에 가두고 자신 또한 집에 가둔다. 집은 관棺이 됐다. 그 노부부의 선택에 대해 왈가왈부할 수 있는 사람은 없다. 식재료를 배달하던 아파트 관리인 부부도, 여자의 제자였던 피아니스트나 딸도 모두 죽음과 삶의 거리만큼이나 먼 사람들이 되었다.

이제 여자에게 남은 언어는 '엄마'와 '아프다'는 단어뿐이다. 하루 종일 '엄마'와 '아프다'라는 단어만 되뇌는 여자 옆에서 남자는 옛날 얘기를 꺼낸다. 태어나 처음으로 느꼈던 공포와 고통과 고독에 관한, 아주 오래된 이야기. 그것은 자신의 과거 기억이지만 침대에 누운 여자의 현재의 상태이기도 하다. 함께 있는 그들의 현재는 이미 관 속의 시간처럼 고독하다. 마침내 그는 사랑을 위해 사랑을 실행한다. 그리고 그 사랑이 함부로 발견되지 않도록 꽃으로 장식하고 창문을 열고 문을 봉한다. 다시 날아온 비둘기를 가까스로 잡아 품에 안는 건, 그가 할 수 있는 죽음에 대한 최선이자 최후의 예의다. 사랑도, 죽음도 결국 품에 안아야 하는 것이다.

사랑은 몸이 없다. 그것은 함부로 발설할 수도, 정의할 수도 없는 언어 이전의 언어다. 잘 다려진 셔츠처럼 구김 없는 사랑도 사랑이고 추레하고 비루한 사랑도 사랑이다. 누구나 멋있고 아름다운 사랑을 꿈꾸지만 일상 속의 사랑은 결코 근사하지 않다. 그래서 무형의 사랑은 삶이라는 형태를 빌려 매번 새로 해석되거나 수정되고 우리는 그 사랑에 대해 정의를 내리려 하지 말아야 한다. 또한 확인하기 위해 애쓰지 말아야 한다. 사랑은 말로 표현될 수 있는 것이라기보다 행동으로 표현되는 것이다. 영화 속에서 혼자 힘으로는 움직일 수 없는 여자를 껴안아 부축하는 남자의 행동은 그것을 반증한다. 말할 수 없는 것. 사랑은 언제나 무언으로 증거된다. 두 몸이 의심 없이 온몸으로 껴안아 서로의 그림자를 지우는 것, 그것은 '결코 자신의 밖으로 떨어져 나오지 못하는 사람은 체험하지 못할'(파스칼 키냐르, 『은밀한 생』 중) 사랑의 은유다. 유한한 시간 속에서 우리가 받은 유일한 축복은 그것을 깨닫는 것일지도 모른다.

— 당신은 지나치게 이상적인 사람 같아요. 사랑은 옷소매처럼 닳아요. 그래서 마침내 어느 날 올 풀린 자신의 소매 끝을 바라보듯, 버려야 할 때가 올지도 몰라요.

그의 말에 나는 대답했다.

— 죽음의 순간을 누구도 예상할 수 없는 것처럼 사랑도 그래요. 어느 날 갑자기 집 안으로 날아든 비둘기처럼 죽음도, 사랑도 그렇게 오는 걸 거예요. 그러니 장담은 하지 마시길 바라요.

영화가 끝나고 불이 켜지면 좌석에 눌린 머리를 정리하며 현실로 돌아오듯, 우리의 대화는 다시 제자리로 돌아왔다. 결론이 없는 얘기다. 그의 말이 맞는지 내 말이 맞는지 우리는 아직 모른다. 빗소리가 들렸다. 바깥으로 나와서야 비가 내리는 걸 알게 되었다.

— 선택해요. 비를 맞든지 비가 잦아들기를 기다리든지.

내가 말했다. 운동화를 신고 나오길 잘했다고, 속으로 생각했다.

— 장담할 수가 없는 계절이네요.

그가 비를 보며 중얼거렸다.

남쪽으로부터 장마가 몰려오고 있었다.

사람이 사랑으로 닮아가는 동안

〈엘 시크레토 El secreto de sus ojos〉(2009)

나는 작은 집에 산다. 정확히 말하면 '작은 방'이다. 숲으로 창이 난 방이라 창밖의 풍경이 대단한 것은 아니다. 그저 불을 끄고 누우면 숲을 쓸고 지나가는 바람 소리가 들리고 오솔길을 지나가는 사람들이 소곤거리는 소리가 들릴 뿐이다. 그러나 귀 기울인다는 말이 얼마나 중요한지 깨닫게 한 방이기도 하다. 어쩌면 소음에 불과할 수도 있는 소리들이 이 세상을 삶의 공간으로 바꾼다. 당연해서 보이지 않고 들리지 않는 것들이 이 세계의 대부분을 구성하고 있고 이 세계를 살게 한다는 사실. 그 사실을 깨달은 날 나는 일기에 '창문이 난 방향으로 방은 기운다'고 썼다. 대단한 발견을 한 사람처럼 가슴이 두근거렸다.

바람이 불었다. 우리는 마주 앉아 마른 나뭇잎들이 뒹구는 거리를 바라보았다. 그리고 각자의 방에 대해 얘기했다. 그날 나는 그의 방에서는 인왕산 옆구리가 보이고 그가 사는 동네의 노총각 마을버스 기사가 얼마 전 결혼을 했다거나 그가 고양이를 키운다는 사실을 처음 알게 되었다. 별로 중요한 사실들은 아니었지만 어쩐지 그가 조금 가깝게 느껴졌다. 우리는 그때까지 여러 편의 영화를 같이 봤지만 서로에 대해 잘 아는 사이는 아니었다. 그러니까 잘 안다고 하기도, 전혀 모른다고 하기도 애매한 어정쩡한 관계였던 거다.

— 내 방에 어떤 낙서가 있었어요.

— 무슨 낙서?

— '다시 만나자, 사라지도록'이라는 낙서.

— 무슨 뜻이에요? 누가 쓴 건데?

— 전에 살던 사람이 쓴 거겠죠. 아마 아이였을 거예요.

— 비문이네요.

— …… 비문이었죠.

그는 그 '비문'에 관심을 보였다. 사실 아주 별거 아닌 일이었는데 말이다.

— 낙서는 개인의 역사 같은 거예요.

— 그런 것에 관심이 있는 줄은 몰랐어요.

— 나도 한때 낙서광이었어요.

— 다 한 번씩은 그런 시절이 있지 않아요?

— 아침에 일어나서 내가 끄적거린 낙서들을 보고 어리둥절했던 기억이 나요.

— 왜 어리둥절해요?

— 자면서 나도 모르게 한 낙서들이었으니까.

— 뭐야, 몽유 같은 거예요?

— 나도 잘 몰라요. 처음 시작이 그랬던 것처럼 어느 순간부터 사라져버렸으니까요.

나는 미심쩍게 그를 바라봤다. 거짓말 같았지만 그런 거짓말을 할 리 없는 사람이었다. 어딘가 문제가 있는 건가? 내 생각을 읽기라도 한 듯 그가 웃으며 말했다.

— 누구에게나 숨기고 싶은 흑역사가 있는 거예요.

오랫동안 떠돌아다니던 남자는 마침내 글을 쓰기로 마음먹는다. 자신을 오랫동안 괴롭혔던 어떤 사건에 대한 글이다. 친한 친구를 잃게 했고 사랑했던 여인의 곁을 떠나게 만들었던 그 사건으로부터 남자는 긴 시간 도망쳐 다녔다. 그러나 그때의 기억은 여전히 남자의 현재를 지배하고 억압한다. 25년이나 지났는데도 말이다.

'두렵다te mo'

어느 날 남자는 잠결에 끄적거린다. 주어나 목적어도 없는 그 문장은 말이라기보다 감탄사에 가깝다. 내면에서 터져 나오는 말은 이렇게 감탄사의 형식을 갖는 것일까. 그런데, 왜? 남자는 무엇이 두려운 것일까.

— 결국 도망치느냐, 극복하느냐. 그게 우리를 평생 괴롭힐 문제일 거예요.

영화가 끝난 뒤 그가 가장 먼저 꺼낸 말이었다.

누구나 어려운 문제에 부딪칠 때마다 매번 도망쳐야 할 것인지 극복해야 할 것인지 고민한다. 물론 정답은 후자다. 알지만 쉽게 실천할 수 없는 정답이다. 신념을 거스르는 상황은 번번이 발생하고 사사로운 정의에 대한 고민은 도처에 널려 있다. 그럴 때마다 우리들은 스스로가 자각하기도 전에 이미 이해와 평판에 관한 득실을 따지는 자신을 발견할지도 모른다. 어느 쪽이든 얻는 것과 잃는 것이 있다. 선택해야 할 뿐이다. 쉽지만 쉽지 않은 일. 그때마다 나는 잠으로 도망친다. 얕고 불편한 잠 속으로 달아나며 생각한다. 누군가 해결해 줬으면. 자고 일어나면 아무 일도 없는 것처럼 말짱한 세상이었으면. 물론 그런 기적은 일어나지 않는다. 나의 잠은 다만 나를 나로부터 유예할 뿐이다. 누군가는 비겁하고 무책임한 행동이라고 비난할 것이고 그 비난이 두려워 나는 다시 또 나로부터 도망치고 싶다. 악순환의 연속이다. 때로 그걸 알면서도 그치지 못하는 건 용기에는 힘이 필요하기 때문이다. 나는 때때로 용기를 내기 위해 비겁해진다.

남자의 두려움 또한 그 비겁과 무책임에서 비롯되는 것이라고 생각했다. 그는 자책하며 오랜 시간을 허비했다. 잊어버리려 노력하며 끝없이 자신의 기억 주위를 떠돌았다. 망각이 인간에게 남은 마지막 위로의 기제일지라도, 과거를 넘어서지 않고는 미래를 꿈꿀 수 없다는 걸 나도, 영화 속 남자도 알았다. 남자가 글을 쓰기로 한 건 그 때문이었으리라.

— 그런데 말이야, 정말 쓴다는 행위가 도움이 되기는 해요?

그가 물었다. 정말 몰라서 묻는다는 듯한 표정이었다. 나는 생각했다. 쓴다는 일에 대해, 쓴다는 일의 효과에 대해.

— 자신을 위로하는 방법 중 가장 좋은 게 글쓰기가 아닐까요. 말은 말처럼 쉽지 않으니까.

— 말장난 말고요.

— 말장난이 아니라, 사실이 그래요. 말은 '뱉는다'는 행위에 가깝지만 글을 쓰는 건 어떤 일을 돌아보게 하고 생각하게 하고 마침내

잠들기 전에 방 한구석에 적혀 있던 낙서가 있던 자리를 본다.

도배를 하면서 그 낙서는 사라졌지만 그 문장은 오래 잊을 수 없었다.

사라지도록 다시 만나자는 그 말. 다시 만나자는 말,

사라질 때까지 다시 만나기를 바란다는 말.

그 비문을 떠올릴 때마다 지나간 사람들이 기억 속에서 걸어온다.

이제 나는 아무도 기다리지 않고 누구도 나를 기다리지 않겠지만

다시 만나자는 말은 언제나 슬프고 기쁘다.

대면하게 하는 거예요. 대면하지 않고는 도저히 쓸 수 없거든.

— 그렇다면 그의 글쓰기는 단순히 고해성사의 의미는 아니겠군요.

그가 혼잣말처럼 중얼거렸다. 그의 말대로 영화 속 남자가 글을 쓰기로 작정한 것은 단순히 지나간 과오에 대한 죄책감의 발산에 그치는 것이 아니라 잃어버린 삶의 실감을 되찾기 위한 노력이었다. 25년 만에 만난 남자에게 여자는 고장 난 타자기를 선물한다. 그들은 마주 앉아 이제는 낡아 바스락거리는 옛 기억들을 끄집어낸다. 어쩌면 그것은 무의미한 것처럼 보였다. 기억이란 시간이 지나면서 한층 사소해지는 것이니까. 그러나 사랑하는 대상을 위해 그것 외에는 할 수 있는 일이 아무것도 없을 때가 있다. 잊지 않는 것이야말로 사랑의 시작이며, 사랑의 마지막이다. 또한 그것이야말로 지금 이 순간에 필요한, 더없는 힘이 되기도 한다. 사랑하던 아내를 잃은 남편은 떠난 아내를 기억하기 위해 애쓴다.

"아내를 기억하도록 매일 나를 깨워요. 그날 아침 아내가 홍차에 타준 것이 레몬이었는지, 꿀이었는지. 그런 하찮은 것들."

사랑은 하찮은 것들을 기억하는 것으로 완성되는지도 모른다.

그런 의미에서 본다면 이 영화는 사랑에 관한 이야기면서 동시에 구원에 대한 영화이기도 하다.

— 그 구원이 표현되는 건 결국 낙서를 통해서잖아요.

그가 말했다. 영화 말미에 남자가 두렵다te mo는 단어 사이에 'a'를 적어 넣어 사랑한다te amo는 단어로 고치는 장면에 대한 이야기다.

— 기묘하긴 했어요. 그렇게 놓고 보면 우리나라 말도 얼마든지 그런 궁리를 해볼 수 있지 않아요? 사람의 받침이 닳아 사랑이 되는 것이나 사람이 줄어 삶이 되는 것이나…….

— 그렇게 우길 수도 있겠네요. 신뢰할 수는 없지만.

— 남들의 신뢰 따위가 무슨 상관이에요. 다만 그렇게 믿으면 그만이에요.

— 그건 그렇고, 이 영화는 도대체 장르가 뭐예요?

— 당신이 영화는 모두 판타지라면서요.

— 그렇기는 한데, 멜로도 아니고 스릴러도 아니고 액션도 아니고…… 그렇다고 절대 그것들이 아니라고 하기도 뭣하고.

삶이 다 그런 거 아닐까. 멜로와 스릴러와 액션과 드라마가 강물처럼 섞여 흘러가는 그런 거 말이다. 중요한 것은 그런 삶을 곰믹세 내버려누지 않는 것이다. 삶이란 누군가와 눈동자를 맞추며 살아가는 일들의 연속이다.

te mo와 te amo.

'두렵다'와 '사랑한다'라는 별 연관성이 없어 보이는 이 두 단어는 이토록 쉽고 간단하게 연결될 수 있다. 물론 그 쉽고 간단한 해답을 찾기 위해서는 많은 시간과 노력이 필요하다. 그토록 많은 시간과 노력을 기울이고도 원하는 해답을 찾지 못할 수도 있다. 그렇다면 아무것도 하지 않는 것이 더 나은 삶이라 여길 수도 있겠지만, 아무것도 하지 않는 삶을 과연 삶이라 말할 수 있을까. 영화 속에 나오는 대사처럼 열정은 최후까지 포기할 수 없는 것이다. 그 열정이 어떤 종류의 것이든, 우리는 모두 의식 밑 어딘가에 뜨거운 심장을 숨기고 산다. 그러니 아무래도 나는 평생 내가 만든 시간에 갇혀 공허한 삶을 사는 것보다는 두려워도 시곗바늘이 가리키는 쪽으로, 마음이 움직이는 쪽으로 가고 싶다.

잠들기 전에 방 한구석에 적혀 있던 낙서가 있던 자리를 본다. 도배를 하면서 그 낙서는 사라졌지만 그 문장은 오래 잊을 수 없었다. 사라지도록 다시 만나자는 그 말. 다시 만나자는 말, 사라질 때까지 다시 만나기를 바란다는 말. 그 비문을 떠올릴 때마다 지나간 사람들이 기억 속에서 걸어온다. 이제 나는 아무도 기다리지 않고 누구도 나를 기다리지 않겠지만 다시 만나자는 말은 언제나 슬프고 기쁘다. 살아 있으니까. 사랑이니까.

잘 자라고 말하는 시간

〈콜레라 시대의 사랑 Love in the Time of Cholera〉(2007)

— 마르케스를 모른단 말이에요?

— 그게 누군데?

— 백 년 동안의 고독 몰라요?

— 영화예요? 아니면 책 제목인가?

비가 내리는 날이었다. 그는 출장 중이라고 했다. 아, 그랬구나. 나는 말했다. 우리는 각자의 사정을 촘촘히 알 만큼 가까운 사이는 아니었지만 가끔 뜬금없이 전화를 주고받을 만큼 가까운 사이가 되어 가고 있었다. 창밖에서 파도 소리가 들린다는 그의 전화를 받았을 때 나는 방에서 영화를 보고 있었다. 의미 없는 대화가 오가던 중 나는 그가 마르케스는커녕 『백 년 동안의 고독』도 모른다는 사실을 알게 되었다. 놀라운 일이었다. 그를 알게 되면서 새롭게 알게 된 일 중 하나가 누구나 다 알 거라 생각했던 어떤 사실들이 실은 그리 널리 알려진 사실이 아니라는 점이었다. 그 유명한 마르케스를 모르는 사람이 있다니, 게다가 노벨문학상에 빛나는 『백 년 동안의 고독』도 모르다니. 잠시 침묵하던 그는 내게 로버트 머턴을 아느냐고 물었다.

— 그게 누군데요?

— 당신이 좋아하는 노벨상을 받은 사람이에요.

— 작가? 시인?

— 경제학자예요. 사람들은 모두 자신이 아는 걸 남들도 다 알 거라 생각하는 게 문제죠. 그건 일종의 폭력이라고요.

인정해야 했다. 나는 마르케스는 알지만 로버트 머턴이 누군지 모르는 사람이고 그는 로버트 머턴이 누군지는 알지만 마르케스는 모르는 사람이다. 하나의 사실만으로 상대의 수준을 파악하려 드는 일은 폭력이다. 그와의 전화를 끊고 그동안 내가 나도 모르게 저질렀던 폭력들에 대해 생각했다. 영화는 사랑도 폭력의 한 종류가 될 수 있다는 방향으로 흘러가고 있었다. 사실 폭력적인 사랑, 혹은 사랑이 휘두르는 폭력은 도처에서 목도되는 일이다. 마치 사실이 아닌 것처럼, 소설인 것처럼.

소설은 실제 세계의 구현이지만, 그것이 실제 세계의 전부는 아니다. 또한 너무나 소설 같아서 차마 소설이 될 수 없는 실제도 있고 또 그 반대의 경우도 있다. 그렇다면 소설의 세계는 무엇일까. 불행히도 그것에 대해 단호하게 얘기할 수 있는 사람은 많지 않다. 소설은 한마디로 정의될 수 없는 이 세계에 대한 이야기다. 글을 쓰는 사람들은 이 세계를 이루는 숱한 이야기들 속에서 하나의 단어를 찾기 위해 노력할 뿐이다. 이 세상을 이루는 거대한 낱말 상자 속에서 각자가 골라낸 하나의 단어에 이야기를 부여하는 것. 아마 그것이 소설일 것이다.

영화 〈콜레라 시대의 사랑〉은 가브리엘 마르케스가 1985년에 발표한 소설을 각색해서 만든 영화다. 이 영화를 한 단어로 얘기하라고 한다면 아마도 '사랑'이다. 그런데 이 사랑은 그동안 내가 보아왔던 여타의 사랑과는 다르다. 무섭고 지겹고 집요한 사랑이다. 도대체 몇십 년간 한결같이 한 사람을 사랑한다는 게 말이 돼? 그것도 짝사랑이잖아. 나도 모르게 그렇게 중얼거렸다.

정원에 앉아 있던 노인이 나뭇가지에 앉아 있는 앵무새를 바라보는 것에서 영화는 시작한다. 노인은 사다리 위에 올라가 새장을 빼

져나온 자신의 앵무새를 잡으려다가 바닥으로 떨어진다. (한 존재의 마지막 순간치고는) 지나치게 낭만적이고 어이없는 죽음이었다.

그리고 그 노인의 죽음을 알게 된 남자는 기뻐한다. 자신이 평생 기다려 왔던 순간이었기 때문이다. 이제 사랑했던 여인을 되찾을 수 있을 것이다. 그렇게 확신한 남자는 미망인이 된 여자를 찾아가 다시 구애를 시작한다. 미친 게 분명하다. 그건 집착이다. 내 얘기를 듣고 있던 그가 조용히 말했다.

— 사랑과 집착은 동전의 양면과 같은 거 아닐까요. 그래서 우리는 종종 단언할 수 없는 감정에 직면한다고요.

— 사랑과 집착이 한 몸이라는 말인가요?

— 자신에게는 사랑의 표현인 게 상대에게는 집착으로 보일 수도 있다는 얘기예요. 사랑은 늘 양가적인 감정이니까.

— 상대가 싫어하는 일은 하지 않은 게 사랑이에요.

— 그건 단순히 배려하는 것일 수도 있어요. 배려와 사랑은 분명히 다른 거예요. 사랑은 단순하지 않다는 거, 그 정도는 저도 알아요.

그가 말하는 사랑은 늘 정연하고 이성적이다. 그는 나에게 충고했다. 때로 모든 사물이나 단어 바깥에서 그것들을 볼 수 있어야 한다고. 그래야 진짜 제대로 된 감정을 나눌 수 있는 사람이 되는 거라고. 그것이야말로 편협해지지 않는 방법이라고.

남자는 자신이 첫눈에 반한 상대에게 어떻게든 자신의 마음을 전하고 싶었다. 자신의 사랑을, 여자도 알아야만 했다. 남자는 날마다 여자에게 편지를 쓴다. 그것만이 오직 자신의 감정을 표현할 수 있는 유일한 수단이다. 그러나 편지라는 매개는 언어를 주고받는 대화의 형식이지만 감정을 제대로 전달할 수 없다. 편지가 삶을 공유하는 수단의 전부가 될 수 없는 건 그래서다. 삶은, 싸우고 만지고 나누고 마주 보는 세계다.

흔히들 사랑은 아름다운 것이라고 말한다. 그것이 사랑이라는 단어가 만든 이상이다. 이상의 세계는 숭고할 수 있을지는 몰라도 표현되기는 어렵다. 이상은 일상이 아니기 때문이다. 그런 면에서 부잣집 외동딸과 가난한 전보 배달부의 사랑은 이상적일 수는 있지만 일상적인 사랑으로 보기는 어렵다. 결국 둘의 교제를 반대하는 여자의 아버지에 의해 두 남녀는 헤어진다. 아니, 처음부터 만난 적이 거의 없으니 헤어졌다고 말하기도 어려운 연인들이었다. 여자의 아버지는 여자를 편지조차 전해질 수 없는 먼 곳으로 보내버린다. 언어를 잃어버린 그들의 사랑은 점점 기억조차 희미한 사랑이 되어버렸다. 정확히 말하면 여자는 남자를 잊었고 남자는 여전히 그녀를 잊지 못했다. 남자의 그런 맹목적인 사랑이 가능했던 것은 남자에게 여자가 처음부터 구체적인 실감이 없는 사랑이었기 때문이다. 남자는 '첫'이라는 이상적 감정에 자신의 전생全生을 걸었다. 그것은 마치 종교와도 같이 남자의 전생을 지배한다. 남자가 그 사랑을 유지하기 위해 택한 방법은 아이러니하게도 수많은 여성들과 육체적 사랑을 하는 것이었다.

— 도대체 다른 여자들과 사랑을 나누며 사랑을 기다린다는 게 말이 돼요?

나는 영화도 보지 않은 그에게 따져 물었다.

— 영화는 그냥 영화예요. 현실과 혼동하면 안 된다고요.

— 아무리 영화라도 그렇지. 전혀 현실적이지 않잖아요.

— 사랑이 원래 현실적이지 않은 단어 아닐까요. 수많은 연인들이 헤어지는 이유로 꼽는 것 중에 가장 으뜸이 '현실적인 문제'라잖아요. 그 말을 반대로 하면 사랑은 현실이 아니라는 말이지.

삶을 행복하고 반짝이게 만드는 사랑이 사실은 현실과 먼 거리에 있는 감정이라는 사실은 삶이 얼마나 모순투성이인지를 단적으로 보여준다. 텅 빈 언어로 사랑을 키웠던 남자와 여자는 사랑이라는 텅 빈 내부를 견디기 위해 각각의 삶을 전형적이거나 혹은 비전형적인 서사로 채워간다. 여자는 순종적이고 헌신적인 아내의 역할을 강요받고 남자는 문맹의 연인들을 위한 연애편지를 대필하거나 사랑이 필요한 여자들을 찾아다닌다. 여자는 사랑 대신 평범한 삶을 택했고 남자는 평범한 삶 대신 사랑을 택한 거였다.

이 영화는 사랑이라는 단어를 통해 상상할 수 있는 다양한 유형의 사랑을 보여준다. 나는 점점 그것들 중 어떤 것이 사랑이고 또 어떤 것이 사랑이 아니라고 단언하기가 어려워졌다. 외로움에서 전이되었거나 두려움이나 절망 끝에서 시작된 사랑. 어쩌면 그것들 모두는 사랑이면서 잠시 사랑이라 착각할 수 있는 감정들이다. 분명한 것은 당사자가 아니고서는 절대 함부로 단언할 수 없는 감정들이라는 사실이다.

많은 세월이 흘렀다. 여자는 고상한 귀부인이 되었고 남자는 여전히 많은 여자들과 사랑을 나누며 그녀와의 재회를 기다린다. 그 많은 여자들과 사랑을 나눌 수 있었던 방법을 묻는 조수의 질문에 남자는 이렇게 대답한다.

"그녀들이 스스로를 중요한 사람이라고 생각하게 만들어주는 게 중요하다네."

그가 사랑을 기다리며 배운 사랑은 결국 '나'를 실감하게 해주는 사랑이었던 것일까.

문학은 결국 이 세계의 대부분을 이루는 사소하고 미미한 존재들을 발견하는 과정에 대한 이야기이고 그 존재들에 대한 애정을 갖는 것에서 비롯된다. 그런 의미에서 본다면 영화 〈콜레라 시대의 사랑〉은 결국 원작이 그랬던 것처럼 문학적일 수밖에 없다. 남자의 말처럼 문학은 이름 없는 사랑에 이름을 붙여주고(사실 남자가 붙여준 것은 이름이 아니라 번호였지만) 사소한 존재들이 스스로의 존재 가치를 확인하게 하는 것이었다.

— 그래서, 그 둘은 다시 만났어요?

그가 물었다. 글쎄 그걸 다시 만났다고 할 수 있을까. 나는 잠시 망설였다. 만나기는 했지만 아주 만난 것은 아닌 사랑. 현실적인 삶을 택했던 여자와 평생 사랑이라는 이상에 형상을 부여하기 위해 사랑을 찾아다녔던 남자. 둘 중 누구의 선택이 더 옳았는지는 알 수 없다. 다만 사랑은 결국 끊임없이 노력해야 겨우 얻을 수 있는 것이란 걸 알 뿐이다.

오랜 시간이 지나 남자는 결국 여자와 조우했다. 텅 빈 언어로 시작된 사랑에 마침내 종지부를 찍은 날이기도 했다. 51년 9개월 4일만의 일이었다. 처음이자 마지막으로 사랑을 나눈 그들의 얼마 남지 않은 미래는 과연 행복할까. 남자는 여자에게 다시 여행을 떠날 거라고 말한다. 그가 지나온 삶의 여정이 결국 그녀에게로 가는 여정이었다고 한다면, 오랜 시간이 지나 그녀를 다시 만난 그는 새로운 실감의 언어를 찾아 떠나려는 것처럼 보인다. 남자에게 그것은 삶의 의미이면서 삶의 목적이다. 그래서 '목숨이 다할 때까지' 포기할 생각이 없다.

— 그렇게 징그러운 사랑은 별로예요.

나는 그에게 얘기했다.

— 사랑이면 다 좋아하는 거 아니었어요?
— 이제 뜨거운 것보다 따뜻한 게 좋은 나이인가 봐요.
— 역시. 당신은 감상주의자야.

그가 정곡을 찔렀다. 물불 가리지 않는 사랑을 하기에 나는 너무 많은 사랑을 지나왔는지도 모른다. 그게 사랑인 줄도 모르고, 혹은 그게 사랑인 줄 알고. 그저 어느 날 정신을 차려 보니 나는 흩어진 국수 다발처럼 방에 앉아 있다. 하나하나가 나이면서 하나로는 도저히 쓸모없는 감정들이 모여 내가 되었다. 그 사실을 너무 늦게 깨달았지만 그 일관성 없음 또한 나를 이루는 부분이다. 정형의 사랑은 없다. 다만 그것은 언제나 새롭게 나타나고 사라지기를 반복한다. 그래서 영원한 사랑은 없을지도 모르지만 영원히 사랑할 수는 있을 거다. 그것이 어디서 어떤 모습으로 어떻게 오고 있는지는 아무도 모른다. 분명한 것은 사랑이 숭고의 감정이 아니라 삶의 누추함 속에서 발견되어지는 실감의 감정이라는 점이다. 그러니 언제나 말하고 행동해야 한다.

— 잘 자요.

그가 말했다.

사랑은 어쩌면 죽는 순간 머릿속을 스쳐가는 이름일지도 모르겠다는 생각이 들었다.

누군가 달려오는 꿈을 꿨다. 얼굴이 보이지 않아 내내 가슴이 아픈 꿈이었다.

소리 나는 대로, 보이는 대로

〈비우티풀 Biutiful〉 (2010)

철들 무렵부터 나는 가끔 가위에 눌리곤 했다. 주로 죽음에 관한 꿈 때문이었다. 내 눈 위에서 관 뚜껑이 덮일 때마다 나는 깨어나려고 애썼다. 하지만 온몸은 정말 죽은 것처럼 꼼짝도 하지 않았고 목소리도 나오지 않았다. 죽는 게 차라리 낫다고 여겨질 만큼, 좁고 캄캄한 곳에 갇히는 상상은 나를 두렵게 했다. 그 꿈만은 죽어도 다시 꾸고 싶지 않았지만 내 꿈은 내 맘대로 꿀 수 있는 것이 아니었다. 이렇게 무력한 존재라니. 악몽에서 깨어날 때마다 나는 몸서리쳤다. 돌이켜 보면 내가 존재의 허망함에 대해 처음 깨달은 건 그즈음이 아닌가 싶다. 한동안 불을 끄면 잠들 수 없는 나날이 이어졌다. 잠드는 것도, 캄캄한 것도 두렵기 그지없는 나날들이었다. 그러나 어린 나의 두려움에 대한 가족들의 태도는 성의 없고 의례적이었다.

— 크려고 그러는 거야, 키가 클 땐 다 그래.

추락하는 꿈도, 죽는 꿈도, 눈앞에서 관 뚜껑이 닫히는 꿈도 모두 크기 위해 꾸는 꿈이라는 말을 나는 믿을 수 없었다. 성의 없는 가족들의 태도에 못내 서운할 따름이었다. 나는 점점 말수가 없는 아이가 되었고 혼자 있는 시간이 늘어났다. 내 편으로 생각했던 사람들에게서 나에 대한 애정을 손톱만큼도 찾을 수 없다는 건 슬픈 일이었다.

— 꿈 때문에 반항하기 시작했다는 거예요? 좀 특이하네.

재밌다는 듯 그가 웃었다.

— 지금 생각하면 엄마는 아마 할 말이 없었던 걸 거예요. 꿈에 대해 할 말이 있었을 리가 없으니까. 우리 엄마에게 꿈은 그저 길몽과 흉몽이 있을 뿐이거든요. 왜, 차 조심해라, 사람 조심해라, 뭐 이런 거.

— 여자들은 확실히 남자보다 복잡한 종인 거 같아요. 난 유년기나 청소년기에 그런 생각을 해본 적이 없었는데. 어떻게 하면 아버지 몰래 대학 야구 중계를 볼 수 있을까, 미스코리아 중계를 볼 수 있을까, 이런 궁리만 했지.

— 아버지 몰래?

— 중학생이 된 이후 아버지가 일절 텔레비전을 못 보게 하셨거든요.

— 엄하셨네요.

— …… 엄하셨죠.

— 지금은 아닌 것처럼 말하네요.

— 아이들은 자라고 어른들은 늙으니까…… 어느새 그렇게 돼 있더라고요.

우리는 잠깐 말이 없었다. 나는 어느새 그렇게 됐다는 말에 대해 생각했다. 아이들은 자라고 어른은 늙는다는, 너무나 당연한 사실이 새삼스러웠다. 나와 그는 그 시간의 어디쯤에 서 있는 걸까. 마치 놓아버린 풍선을 바라보고 있는 느낌이었다. 점이 되어 내 시야에서 사라진 그 풍선들은 다 어디로 간 걸까. 그가 어색한 침묵을 깨고 입을 열었다.

— 그런데 이 영화의 제목 철자 틀린 거 아니에요? 'biuti'가 아니라 'beauti'잖아. 이건 교정의 실순가?

이 남자는 검색이라는 스마트폰의 첨단 기능을 거의 쓰지 않는 사람인 모양이었다.

— 이 영화 보자고 한 건 당신이잖아요.

— 판타지인 줄 알았죠.

— 검색 안 해봤어? 왜 'beauti'가 아니라 'biuti'인지?

— 그러니까 당신 말은 이 단어가 실수가 아니라는 말이군요?

죽음을 목전에 둔 남자가 있다. 그가 살아온 시간은 비루하기 그지없다. 조울증을 앓으며 알코올에 의지해 살아가는 전처가 있고 그 전처 사이에서 난 두 아이의 아버지인 남자. 그는 정작 아버지에 대한 기억이 전무하다. 생에 행복했던 기억도 많지 않다. 사랑을 받아본 적이 없어서 어떻게 사랑을 표현해야 하는지조차 모르지만 그래도 아이들에게 자신과 같은 삶을 물려주고 싶지는 않다. 어떻게 해서든 아이들만은 행복하기를 바란다. 그게 남자가 지상에서 가장 바라는 일이다. 그 바람은 자신이 암에 걸렸다는 사실을 알기 전까지는 어쩌면 가능할 것 같기도 했다. 그런 남자에게 의사는 냉정하게 시한부의 삶을 선고한다.

영화는 허공에 나란히 뻗은 두 손을 비추는 것에서 시작한다. 반지를 낀 어른의 손과 그 반지를 어루만지는 아이의 손. 얼굴을 드러내지 않은 남자와 아이는 반지에 대해 속삭이듯 대화한다. 반지는 남자의 아버지가 어머니에게 마지막으로 남긴 선물이었다. 남자가 말한다.

"이제 네 것이란다."

반지를 자신의 손에 낀 아이는 남자를 부른다.

"아빠, 아빠."

얼핏 포스터의 문구대로 이 영화는 부성애에 대한 기록처럼 보인다. 그러나 영화가 진행될수록 나는 점점 미궁의 한가운데로 끌려들어가는 기분이었다. 남자는 자애롭고 현명한 아버지가 아니다. 오히려 돈을 받고 불법체류자에게 일자리를 알선하는 브로커이면서 죽은 자와 대화할 수 있는 영적 능력을 가진, 이상한 사내다. 그는 시종일관 무표정이거나 지친 표정이고, 영화 속 세상은 온통 더럽고 무기력하고 치사하고 비윤리적이다. 남자는 밤에도 잠들지 못하고 자신이 누운 방의 천장을 응시한다.

책임져야 할 것들이 너무 많다. 때때로 불쑥 찾아와 돈을 요구하는 전처에, 불법체류 중인 중국인들과 세네갈인, 거기에 끼니마다 불평을 늘어놓는 아이들로도 모자라 거품 같은 곰팡이가 자라는 천장에 붙어사는 나방들까지 모두 남자가 해결해야 할 삶이다. 그런데 자신은 죽어간다. 카메라는 이 모든 상황을 철저히 방관한다.

— 차라리 나비였으면 마음이 좀 좋았을 거 같아요.

영화를 다 보고 난 후에 제일 먼저 떠오른 건 그거였다. 뭔가 안타까운 마음이었다. 내 말에 그가 대꾸했다.

— 그건 남자의 삶과 죽음을 미화시키는 것일 수도 있어요.

고백건대 아버지가 살아 계셨다면 나는 여전히 불화를 견디며 지내고 있을지도 모른다.

아버지의 죽음이 나에게 일깨워준 것이 있다면 그건 이해와 용서와 사랑이다.

이 보편적이고 상투적인 단어들의 무게를 나는 너무 늦게 깨달았지만,

이제 나는 통과하지 않고는 알 수 없는 시간들이 있기 마련이라는 것을 안다.

삶을 통과해보지 않고는, 누군가의 죽음을 목도하지 않고는 도저히 알 수 없는.

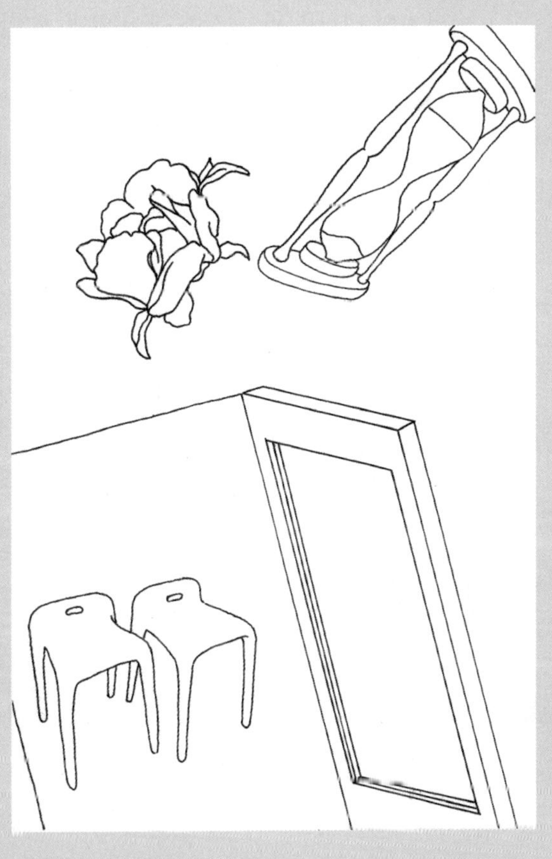

— 그래도 조금만 관객을 배려했으면 좋았을 거예요.

— 오히려 관객을 배려하지 않아서 나는 좋았어요. 영화가 관객을 지나치게 의식하는 순간, 그 영화는 그저 그렇고 그런 영화가 되어버리기 쉬우니까. 남자의 더러운 방 천장에 붙어 있던 게 나비였다면 단번에 동화가 돼버렸을걸요.

— 영화는 결국 현실에 대한 위로를 구하기 위해 보는 거 아니에요? 그러니까 적당히 관객을 배려할 줄도 알아야 하는 거 아닐까 싶어요.

— 그러면…… 위로가 될 거 같아요?

그가 나를 바라보았다. 그의 말이 영화에 대한 건지 내 마음에 대한 건지 분간이 가지 않았다. 나는 고개를 저었다.

— 잘 모르겠어요.

— 누군가를 위로하는 건 불가능할지도 모르겠다는 생각이 들어요. 위안이 될 수 있을 뿐이겠죠. 그러니 마음껏 슬퍼해요. 같이 영화나 보면서.

모든 시선은 정치적이다. 시선의 높낮이에 따라 눈앞의 세상은 달라 보이고 방향에 따라 이곳은 정의롭거나 부정한 곳으로 보이기 쉽다. 다시 말해, 시선에는 필연적으로 어떠한 '발언'이 내포될 수밖에 없다. 그런데 이상하게도 이 영화에서 그 '시선'을 찾기란 쉽지 않아 보인다.

남자는 '브로커'다. 인건비를 절약하려는 건설업자에게 드릴 한 번 제대로 쥐어본 적 없는 불법체류자들을 넘기고 돈을 챙긴다. 죽은 자와 대화할 수 있는 능력을 이용해 슬픔에 잠긴 산 자들에게서 돈을 챙기기도 한다. 그러나 이런 사실이 그의 전부는 아니다. 그는 나쁜 사람이고, 슬픈 사람이고, 사랑을 표현하는 방법에 서투른 사람이고, 늘 자기모멸을 견디는 사람이고 책임을 다하기 위해 애쓰지만 번번이 한계에 부딪치는 사람이며 자신에게 주어진 모든 조건을 무표정과 무기력으로 감추고 사는 사람이다. 그리고, 곧 죽을 사람이다.

이 영화를 보며 많은 사람들이 그랬을 테지만, 나도 영화를 보는 내내 아버지를 떠올렸다. 단순히 어떤 관계 안에서의 회고라기보다는 한 존재가 감당해야 하는 무게에 대한 가늠이었을 것이다. '그'가 버려야 했던 것들, '그'가 짊어져야 했던 것들, '그'가 버릴 수 없었던 것들.

'그'는 고아는 아니었지만 고아처럼 자랐다. 가난 때문에 중국집에서 배달을 하며, 면을 뽑으며 학교를 다녔고 월남전에 징집됐다. 그리고 부상으로 미군 병원으로 후송되었다가 5년 만에 겨우 귀향을 했다. 가족이 있었지만 가족이 뭔지 모르고 지내며 가족을 그리워하던 '그'는 막상 자신이 이룬 가족과 화목하지 못했다. '그'는 늘 표현에 서툴렀고 책임을 다하기 위해 애썼지만 책임을 버거워했다. 가난과 전쟁 때문이라고 했다. '그'의 가족이 된 나는 '그'가 종종 원망스러웠고 자주 두려웠고 평생 어려웠다.

내가 이제는 오래돼서 담담해진 비밀을 털어놓는 동안 그는 듣기만 했다. 그리고 물었다.

— 그래서 슬펐어요?

우물쭈물거리는 내 표정을 본 그가 다시 웃었다.

— 누군가에게 좋다거나 싫다고, 감정 표현을 제대로 해본 적이 있기는 해요?

나는 아무 말도 하지 않았다.

— 그럴 줄 알았어요. 당신을 보고 있으면 어렸을 때 읽었던 동시가 생각나요. 슬퍼도 한참 있다 우는 소, 기뻐도 한참 있다 웃는 소, 뭐 이런 내용이었는데.

그러니까 그는 나에게 소 같다고 말하는 거였다. 그가 말을 이었다.

— 나는 '첫'을 믿지 않아요. 물론 그건 여러 경험을 통해 터득하게 된 거예요. …… 당신은 처음이라는 단어가 가진 환각에 몹시 마음이 쏠려 있는 거 같지만 결국 그건 허상이에요. 결국 분명하게 남는 건 마지막이지 싶어요. 그래서 나는 미리 보는 게 싫어. 기대가 크면 실망도 크니까…….

나는 웃으며 물었다.

— 실망했나 봐요.
— 미리 보기를 하지 않으면 실망할 일도 없다니까요.

나는 아버지를 만나러 현충원에 갔다. 평생 살던 곳을 떠나 새로운 곳에 거처를 마련한 아버지는 가끔 내 꿈에 다녀간다. 생전에 한 번도 보지 못했던 표정을 지어 보이기도 한다. 많이 늦었지만 우리는 결국 내 꿈속에서 화해했다. 고백건대 아버지가 살아 계셨다면 나는 여전히 불화를 견디며 지내고 있을지도 모른다. 아버지의 죽음이 나에게 일깨워준 것이 있다면 그건 이해의 용서와 사랑이다. 이 보편적이고 상투적인 단어들의 무게를 나는 너무 늦게 깨달았지만, 이제 나는 통과하지 않고는 알 수 없는 시간들이 있기 마련이라는 것을 안다. 삶을 통과해보지 않고는, 누군가의 죽음을 목도하지 않고는 도저히 알 수 없는.

비록 비루해서 슬프고 더럽고 냄새나는 삶이라고 할지라도 그 모든 것이 보이는 그대로 아름다울 수 있는 것은 바로 죽음 때문이다. 삶은 유한하다. 그런 의미에서 영화 속 남자에게 'beautiful'의 철자를 묻는 딸에게 "소리 나는 대로 쓰면 된다"고 말하며 'biutiful'이라고 적어주는 대목은 퍽 의미심장하다. 이 영화에서 가장 분명하게 '시선'이 드러나는 장면이기도 하다. 감독은 관객을 향해 '아름답다'라는 말은 소리 나는 대로, 보이는 대로 듣고 보는 것이라고 말하는 듯하다. 과연 그럴까. 모르겠다. 삶을 다 지나가보기 전까지는 알 수 없는 일이다. 지금 내가 할 수 있는 일은 기억을 놓지 않는 일이다. 영화 속 남자가 죽음 직전, 딸을 끌어안으며 말했던 것처럼.

"사랑하는 딸아, 나를 잊지 마라. 나를 잊지 마라."

— 누군가에게 잊지 말아달라고 말할 수 있는 동안은 그래도 아직, 행복이 조금은 남은 걸 거예요.

나는 그와의 통화 끝에 그렇게 말했다. 그는 잘 자라고 대답했다. 이런 대화법에 이젠 그럭저럭 익숙해지고 있었다. 자신이 언제나 말을 줄이거나 하지 않는 방법을 통해 나에게 동의하거나 나를 위로한다는 사실을 그는 인식하지 못하는 것 같다. 영영 그랬으면 좋겠다. 그런 생각이 들었다.

세계를 이루는 비밀

〈트리 오브 라이프 The Tree of Life〉(2011)

'나는 어디서 왔는가.' 혹은 '나는 어떻게 태어났는가.'

이 세상에 태어나 처음 말을 배울 무렵이나 사춘기에 접어들 무렵, 누구나 한 번씩 갖게 되는 질문이다. 물론 이 물음에 제대로 된 대답을 해줄 수 있는 사람은 많지 않다. 젊은 부모는 얼굴을 붉히며 얼버무리거나 육아를 위한 서적에서 읽은 대로 생물학적 차원의 답변을 할 것이다. 그게 아니라면, 충만한 '사랑'으로 태어났다는 다소 현학적이고 따뜻한 대답을 돌려줄까. 그럼 아이는 사랑이 무엇인지도 모르고 '사랑'으로 충만한 표정을 지어 보이며 고개를 끄덕이겠지. 그리고 곧바로 또 물을 것이다. 그 '사랑'이란 도대체 뭐냐고 말이다.

– 나는 성을 중학교 3학년 때 독서실에서 배웠어요.

내 고백에 그가 크게 웃었다.

— 하라는 공부는 안 하고…….

— 다 그렇지 않아요? 그땐 누구나 언니나 오빠가 있는 조숙한 친구들을 통해서 배웠을걸요? 당신도 그렇지 않나요.

— 난 공부만 해서 잘 모르죠.

그가 짐짓 거드름을 피웠다. 물론 지나가는 고양이도 안 믿을 거짓말이라는 걸 안다. 나는 성에 대해 무지했다. 물어본 기억도 없지만 아무도 내게 그것이 뭔지 일러주는 사람도 없었다. 다만 철이 들면서 하지 말라는 말만 더 늘어났을 뿐이다. 천박하니 다리 벌리고 앉지 마라, 생리를 하는 건 숨겨야 하는 일이다, 조신하게 행동해라 따위의. 왜 그래야 하는지도 몰랐다. 다만 그건 해가 뜨고 달이 뜨는 것과 같이 당연히 그래야 하는 것들이었다.

— 우리 엄마는 늘 아기는 배꼽에서 태어나는 거라고 단언했어요.

— 그건 엄마에게 물어본 당신 잘못이야.

그가 키득거렸다.

— 그럼 당신은 누구에게 물어봤어요?

— 그런 걸 왜 물어봐요? 그냥 아는 거지.

— 그게 이상하다는 거예요. 그걸 어떻게 그냥 알지?

— 당신도 이제 알잖아. 어른들은 생각했던 것보다 어른스러운 사람들이 아니에요. 부모가 되는 것에 자격증 같은 게 있는 것도 아니고. 우리나라의 정서상 그런 말들은 금기어였을 거예요.

곰곰이 생각해보면 그의 말이 맞는 것 같기도 하다. 준비된 부모는 거의 없을 거다. 시행착오를 통해 서로 성숙해져 갈 뿐이다. 그래도 그렇지. 중3인 딸에게 아이는 배꼽에서 태어나는 거라고 우긴 건 너무 심했다. 물론 그걸 믿은 나도 무지하긴 마찬가지지만.

아이들의 질문은 난해하다. 누구나 다 알고 있다고 여기지만 막상 말로 표현하기 어려운, 세계의 근원에 대한 질문들이 대부분이기 때문이다. 언젠가 조카가 내가 물었다. 왜 물고기는 물속에 있냐고. 뭔가 멋진 대답을 해주고 싶었지만 나는 결국 '물고기니까'라는 바보 같은 대답을 할 수밖에 없었다.

돌이켜 보면 여러 가지 방면에서 접근할 수 있는 질문이었다. 다윈의 신화론이나 또는 지구의 역사를 운운하며 쉽게 설명해줄 수도 있었을 거다. 그러나 나는 다섯 살짜리 조카와 그런 사실들에 대해 논

쟁할 자신이 없었다. 그건 내 전공도 아니었다. 물속에 물고기가 사는 건 너무나 당연해서 의문의 여지가 없는, 그야말로 진리에 가까운 사실이었으니까. 그런데 '왜?'라고 묻는 신인류가 나타난 것이다. 고백하자면 그때 나는 몹시 당황했다.

이처럼 너무나 당연해서 의심의 여지조차 없는, 이 세계를 이루는 근원적인 비밀들은 어떠한 논리로도 간단히 설명할 수 없는 차원의 일들이다. 또한 그 차원에 속한 비밀들은 어떤 식으로든 몸 바꾸기가 가능하다. 즉, '틀린' 해석은 없고 오직 '다른' 해석들이 공존하는 세계라는 말이다.

당신은 아이에게 사랑에 대해 어떻게 설명할 수 있을까? 태초부터 늘 인간과 함께했던 감정이라고 말할까. 항상 화초를 가꾸듯 관심과 정성을 기울여야 하는 마음이라고 말할까. 자신의 목숨과도 바꿀 수 있는, 세상에서 가장 소중한 가치라고 말할까.

— 당신이라면 어떻게 하겠어요?

그가 물었다. 쉽지 않은 질문이었다.

— 사람에게 없어서는 안 될 소중한 감정이라고 하면 될까? 당신은? 당신은 뭐라고 할 거예요?

정답은 아니더라도, 어쨌거나 맞는 말이라고 생각했다. 없어서는 안 되는 감정 맞잖아. 나는 내심 내 대답이 만족스러웠다. 그의 쉽고 간단한 대답을 듣기 전까지는, 적어도 그랬다.

— 어차피 무슨 말로도 쉽게 설명할 수 없다면 차라리 그 아이를 꼭 안아주는 게 더 낫지 않아요?

그렇게 말하는 그는 어쩐지 사랑을 듬뿍 받고 자란 사람 같았다. 한 번도 부모의 사랑을 확인하거나 의심한 적 없이, 너무나 당연하게 여겼던 유년 시절을 보낸 그런 사람. 그래, 안아주면 된다. 그건 분명히 어떤 사랑의 실감이다. 나는 쉽고도 간단한 그 말의 실감을 위해 얼마나 많은 관념어들을 동원해 왔을까.

물론 그것이 사랑의 전부가 아닐 수도 있고, 그것만으로는 도저히 설명되지 않는 것이 사랑일 수도 있다. 영화 〈트리 오브 라이프〉에 의하면 말이다.

이 영화는 추상적 측면이 강하다. 또한 종교적이고 다분히 철학적인 배경을 가진다. 탄생과 소멸, 삶과 죽음, 사랑과 미움 등 이 영화가 던지는 질문 자체가 관념적인 까닭이다. 영화의 선반부를 차지하는 카오스적 이미지의 나열은 그러한 사색과 관념을 형상화하려는 감독 나름의 의도로 읽힌다. 마치 창세기의 1장에 나오는 구절을 요

— 어차피 무슨 말로도 쉽게 설명할 수 없다면

차라리 그 아이를 꼭 안아주는 게 더 낫지 않아요?

그렇게 말하는 그는 어쩐지 사랑을 듬뿍 받고 자란 사람 같았다.

한 번도 부모의 사랑을 확인하거나 의심한 적 없이,

너무나 당연하게 여겼던 유년 시절을 보낸 그런 사람. 그래, 안아주면 된다.

그건 분명히 어떤 사랑의 실감이다.

나는 쉽고도 간단한 그 말의 실감을 위해 얼마나 많은 관념어들을 동원해 왔을까.

약한 것처럼 오직 혼돈과 명암만이 존재하는 세계에서 빛의 기운이 싹트고 생명의 징후가 포착되고, 그런 미미한 징후에서 출발한 생명의 기운들이 단절적이고 찰나적인 이미지들로 형상화되는 것이다. 정교하게 계산된 구성으로 연속적인 사건을 전개해 나가는 할리우드식 영화에 길들여진 관객이라면 이런 도입부는 난해하기 그지없을 것이다. 하지만 추상화가 처음 미술 시장에 출현할 때 그랬듯 매혹은 낯섦에서 시작된다. 어쩌면 이 낯섦이 예술의 근본적인 정신일지도 모른다. 테렌스 맬릭 감독은 이 세계의 태초를 이미지화하는 작업을 통해 사랑의 '정신'을 새롭게 재확인해보고 싶었는지도 모르겠다.

— 뭔가 얘기를 하려다 만 것 같기도 하고, 아예 시작하지도 않은 것 같기도 하고, 본 것 같기도 하고, 안 본 것 같기도 하고.

그가 고개를 갸웃거리며 말했다. 그의 말대로 이 영화는 이야기를 완전히 버리지도, 그렇다고 이야기를 단단하게 구축하지도 않았다(어쩌면 못한 것일지도 모른다고 그는 주장했다). 누구의 말이 맞는지 우리는 알 수 없다. 다만 이야기를 놓지도, 제대로 구축하지도 못한 이유는 분명히 찰나의 재현이나 사색의 형상화만으로는 설명될 수 없는 우리들의 '실존적 삶'이 이 철학적 영화 속의 한 부분을 이루기 때문일 것이다.

이 영화를 이끄는 중심축은 두 개의 질문이다.

'나는 어디에서 와서 어디로 가는가'와 '나는 무엇으로 사는가'가 그것이다. 앞의 질문은 영화의 서두에 등장하는 강렬한 이미지들로 제시되고 뒤의 질문은 '남자'의 가족사를 통해 제시된다. 이 영화 전체를 통해 내레이터로 등장하는 남자는 영화의 초반부에서 자신을 신에게로 이끈 사람이 바로 동생과 어머니라고 고백한다. 가족은 동서고금을 막론하고 실존에 대한 자각과 갈등이 최초로 시작되는 곳이다. 가부장적인 아버지와 한없이 자애로운 어머니 사이에서 자라는 동안 남자는 장남이라는 위치에 대한 중압감과 죄의식에 시달린다. 선에 대한 갈망과 악에 대한 매혹 사이에서 갈등하는, 그야말로 문제적인 인물인 셈이다. 이런 과거 기억으로부터 단 한 발자국도 벗어나지 못해 현재의 그는 부유하지만 불행하다. 영화는 현재와 과거, 환상과 실제를 교차해서 보여주며 관객에게 오래된 질문을 던진다.

인간은 무엇으로 사는가.

과거의 어느 날, 남자의 엄마는 한 통의 전보를 받는다. 남자의 동생이 죽었다는 전보였다. 그 죽음에서 가족의 비극은 시작되고, 그 죽음을 통해 가족은 신과 사랑에 대해 다시 생각하게 된다. 형인 자신을 믿고 잘 따랐던 동생, 바흐를 연주하는 아버지를 따라 기타를 치던 동생이 갑자기 사라진 것이다. 이 영화의 중반부에 등장하는 현재의 남자는 테이블 위에 작은 촛불 하나를 켜고 그 불빛을 한참 들여다본다.

— 그건 애도였을 거예요.

나는 자신 있게 말했다.

— 그러니까. 왜 그걸 그렇게 어렵게 얘기하느냐고요.

그는 내내 심드렁했다.

— 그건 어쩌면 함부로 해서는 안 되는 것이기 때문 아닐까요?

말의 상투성을 극복하기란 여간 어려운 일이 아니다. 고통 앞에서 누군가를 위로해야 할 때마다 나는 망설였다. 뭐라고 말해야 할 것인지, 말을 하긴 해야 하는 것인지, 진심이기는 하지만 그 진심을 어떤 말로 표현해야 하는 것인지……. 혀끝에 여러 말들을 모아 놓고 나는 늘 꺼내기가 어려웠다. 세월의 힘을 믿으라거나 시간이 지나면 나아질 거라는, 하나 마나 한 말을 하는 것도 어려웠고 침묵하는 것도 쉽지 않았다. 결정적인 순간마다 내가 꺼낼 수 있는 말은 많지 않았다.

— 남자가 켜놓은 그 촛불은 그 모든 말이면서, 그 모든 말의 배후에 드리워진 애도의 침묵 같은 거 아닐까, 그런 생각을 했어요.

세월이 지나도, 사라지지 않는 것이 '사랑의 상실'이다. 그런데 그 앞에서 무슨 말을 할 수 있을까. 그의 말대로 말이 어려울 때는 그저 끌어안아야 하는 것인지도 모른다. 그것이야말로 모든 말의 실감이자, 남은 자들이 할 수 있는 단 하나의 애도인지도 모른다.

강 건너의 불빛들이 강물 위에서 촛불처럼 흔들리는 걸 보며 우리는 말없이 서 있었다.

삶을 대하는 오늘의 자세

〈서칭 포 슈가맨 Searching for Sugar Man〉(2011)

"잘 지내고 있습니까?"

영화 〈러브레터〉 속 이츠키가 빈 벌판을 향해 그렇게 물었던 것처럼, 가끔 누군가에게 안부를 묻고 싶은 시간이 있다. 주변의 모든 불빛들이 꺼져 가는 걸 지켜보는 시간, 나는 자유로움과 외로움이라는 양가적인 감정에 빠진다. 이제는 쓸모없는 수첩을 뒤적거리거나 컴퓨터 한구석에 처박아 놓았던 사진 파일들을 열어보는 건 그 때문일 것이다. 그 맨 마지막에 남는 것은 어떤 시간과 풍경을 지나왔다는 깨달음이다. 그러니까 나는 어떤 시간이 끝나고 난 뒤에 오는 다른 시간들을 살고 있는 것이다.

— 밤마다 낯선 사진을 받은 적이 있어요.

옛 애인?

— 아니. 아마 잘못 보낸 거였을 거예요.

— 성인 사이트 뭐 그런 데 가입한 거 아니에요? 그런 데서 정기적으로 사진도 보내주고 그런다던데.

— 지나치게 자세히 아네요.

그가 양손을 들어 올리며 웃었다.

— 농담이에요. 무슨 사진이었는데요?

— 어떤 길, 건물, 간판 뭐 그런 거였어요.

— 누군지 모르지만 소심한 사람이었네. 전화도 아니고 문자도 아니고…….

— 그런데 이상했어요.

— 뭐가?

— 정말 언젠가 거기 있었던 거 같은 기분이 들었거든요.

— 진짜 가본 곳일 수도 있잖아요.

— 아니에요.

— 단언해요?

— 난 한 번도 밤에 동물원을 가본 적이 없어요. 사진 속의 거긴 분명히 동물원이었어요.

누군가에게 사진을 받는 사흘 동안 나는 틈틈이 그 사진들을 들여다보았다. 화질도 좋지 않고 구도랄 것도 없는 사진이었다. 처음엔

주변의 누군가를 의심했지만 그건 결코 내가 모르는 타인의 은밀한 시간이 분명했다. 나는 망설였다. 잘못 보낸 것이라고 문자를 보내줘야 하는지, 아니면 침묵으로 일관해야 하는지 판단이 잘 서지 않았다. 어떤 형식으로든 내게 타인의 삶에 개입할 자격은 없었다. 발신자의 의도나 수신자의 상황을 헤아리는 일 같은 건 내가 함부로 할 수 있는 일이 아니었다. 그게 현명한 판단이었지만 나는 내내 안절부절못했다.

— 생각해보니까, 나도 그런 발신자나 수신자가 되고 싶었던 적이 있었더라고요. 그래서 사진을 보며 내내 불편했어요. 큰 맘 먹고 보낸 걸 텐데.

— 그런가?

— 누군가의 기억에서 잊히거나 잊어버릴까 봐 두려웠던 시절이 있었어요.

— 지금은 안 그래요?

— 네. 어느 순간 그게 미련이라는 걸 알았죠.

— 사람은 원래 쉽게 안 변하는데.

그가 장난스럽게 말했다.

— '사람이 변하는 게 아니라 사랑이 변하는 거'라는 말이 떠오르

네요.

— 〈봄날은 갔다〉였나.

— 〈봄날은 간다〉였어요.

어쩌면 누군가의 안부를 묻는다는 건 쓸데없는 짓이다. 그러나 쓸데없는 짓으로 대부분의 시간을 보내는 것이 삶이다. 또한 이 '쓸데없는 짓'들이 종종 삶을 함께 사는 것으로 만든다. 글을 쓰는 마음도, 노래를 부르는 마음도 그와 비슷하리라. 글이나 노래는 존재가 만든 사적 기호(물론 시대를 관통하는 기호를 의도적으로 만들어 내는 경우도 있지만)이면서 세상을 향해 말을 건네는 행위다. 읽히자마자 잊히고 태어나자마자 사라지는 글과 노래 들이라 할지라도 지금 이 시간에도 그치지 않고 어디선가 누군가가 우리를 향해 말을 걸고 있을 것이다. 그리고 이런 말과 노래가 비로소 우리에게 '우리'라는 공감대를 만든다.

계산되지 않은 마음과 그런 순수함이 만드는 공감의 공간. 어떤 이는 기적의 기록이라고 했고 어떤 이는 삶의 아름다움을 표현했다고 말한 영화 〈서칭 포 슈가맨〉은 그 공감의 힘에 대한 기록이다. 그리고 그 공감은 국경이나 인종·세대를 초월하는 절대 영역을 가질 수 있다는 것을 이 영화는 가감 없이 보여준다.

그의 이름은 로드리게즈. 두 장의 음반을 발표한 적이 있지만 그 외에는 아무것도 알려진 것이 없다. 진짜로 영화 포스터에서 쓰인 문구 – "2장의 앨범만 남기고 사라진 전설의 가수. 자기 자신도 몰랐던 '그'의 놀라운 이야기" – 가 전부인 영화다.

— 그냥 그렇고 그런 영화라고 생각했어.

— 왜요?

— 전설이라느니, 놀랍다느니, 이런 문구는 식상하잖아요, 이제.

전설이나 영웅이 식상해져버린 시대에 출현한 이 영화는 한 인간의 삶이 얼마나 드라마틱한지를 단적으로 보여준다. 평범한 삶이란 없다. 비록 전설이나 영웅과는 전혀 상관없는 사람들일지라도 각각의 그들은 모두 각각의 시간 속에서 주인공인 사람들이다. 또한 자신의 삶에 주인공이 되는 것이야말로 얼마나 간단하지 않은 일인지 새삼 되돌아보게 된다. 수험생 시절, 무수한 수식과 기호들의 숲을 헤치고 찾아낸 정답의 대부분이 너무나 간단했던 것처럼 간단하지만 간단하지 않은 일. 그게 우리가 부여받은 시간이다.

두 명의 팬에 의해 시작된 로드리게즈 찾기. 그들은 모두 로드리게즈의 노래를 들으며 십 대와 이십 대를 보낸 사람들이다. 그러나 그 어디에서도 로드리게즈라는 가수의 흔적을 찾을 수 없다. 그도 그럴 것이 1970년대 초반, 연달아 두 장의 앨범을 실패한 그는 자신이 썼던 노래 가사처럼 크리스마스 직전 소속사로부터 해고 통지를 받고 대중의 시야에서 사라졌기 때문이다.

— 좋아서 시작한 일이 어느 날부터 갑자기 두려워지면 당신은 어떻게 하겠어요?

나는 언젠가 그에게 그런 걸 물은 적이 있다. 잘해야 한다는 강박관념이 나를 억누르던 시절이 있었다. 내가 좋아서 시작한 일이 어느 날 갑자기 그야말로 '일'이 되어버린 걸 깨달은 즈음이었다. 단순히 '일'이 되어버린 내 일을 더 이상 좋아할 수 없었다. 나는 자신에게 실망했고 동시에 모든 의욕을 잃었다.

— 그래도 계속 좋아하려고 노력하거나 아니면 그만두거나.

그는 무심하게 대답했다. 맥 빠지는 대답이었다. 애당초 그런 걸 물은 게 잘못이었다.

— 난 그랬어요. 그래서 그만뒀어요.

내 표정을 읽었는지 그는 자신이 한때 바이올린을 연주한 적이 있었다고 덧붙였다. 처음 듣는 말이었다. 내가 아는 그는 탬버린도 흔들어본 적이 없을 것 같은 사람이었다. 그런데 바이올린이라니. 바이올린을 연주하는 그의 모습은 좀처럼 상상하기 어려웠다.

— 고등학교 1학년 때까지 매일매일 쉬지 않고 바이올린을 연습했어요. 누가 시킨 적도 없는데……. 그냥 좋았던 거 같아요. 내 첫사랑이었지.

— 그런데 왜 그만뒀어요?

— 입시를 치르기 위해 아침부터 밤까지 같은 곡을 수백 번 연습하다 보니까 내가 그토록 좋아했던 음악이 어느 순간부터 소음처럼 들리기 시작하더라고요. 연주를 하면서도 머릿속으로 크레셴도니 모데라토니 이런 거나 외우고 있고. 도저히 계속 좋아할 자신이 없어져 버렸죠.

— 말처럼 쉬운 일은 아니었을 텐데.

— 세상에 쉬운 게 어딨겠어요. 각자의 선택이 있을 뿐이지. 사실은 당신도 알잖아요.

그의 말대로 우리는 스스로의 삶을 선택해야 한다. 나는 여전히 좋아하면서도 두려워하는 글을 쓰고, 그는 가끔 바흐를 연주하는 직장인이 되었고, 로드리게즈는 대중들 앞에서 영영 사라지는 그런 선택들 말이다. 그러나 과연 그것이 올바른 선택이었는지 우리는 알 수 없다.

그가 다시 사람들의 관심 속으로 소환된 건 그야말로 우연이었다.

이 다큐에 따르면 남아프리카공화국을 방문한 미국 소녀가 들고 간 로드리게즈의 앨범이 시작이었다고 한다. 그야말로 문익점의 붓두껍 속 목화씨 같은 이야기다. 그의 노래는 순식간에 남아프리카공화국의 거의 모든 젊은이들이 따라 부르는 노래가 되었다. 요즘처럼 SNS가 있던 때도 아니고 통신도 발달하지 않았던 시대라는 걸 감안해보면 그건 놀라운 사건이었다. 그의 노래가 급속도로 퍼질 수 있었던 이유는 바로 남아프리카공화국이 처한 정치적 현실 때문이었다. 당시 남아프리카공화국은 아파르트헤이트Apartheid(백인 우위의 인종차별 정책)으로 인해 대내외적으로 고립무원의 상태였다. 외부의 소식을 듣는 것은 물론이거니와 자신들이 처한 상황을 제대로 인식하고 표현할 자유조차 박탈당했던 그들에게 로드리게즈의 가사와 멜로디는 혁명과도 같았다. 사람들은 노래를 통해 비로소 현실을 인식하기 시작했다. 동시에 불합리한 것에 대해, 옳지 않은 것에 대해 발언하고 저항하기 시작했다. 이 모든 기저에 바로 식스토 로드리게즈의 노래들이 있었다. 한 개인의 목소리가 시대적인 맥락과 맞물리며 거대한 흐름을 만들어 낸 것이다. 그러나 로드리게즈가 누구인지 아는 사람은 아무도 없었다. 혹자는 로드리게즈가 공연 도중 무대에서 권총으로 자살을 했다고도 말했고 혹자는 분신을 했다고 말했지만 그건 확인되지 않은 여러 소문들 중 일부일 뿐이었다.

많은 시간이 지나고서야 두 명의 팬에 의한 로드리게즈 찾기(그의 생사 확인에 목적이 있었던 것이 아니라 무엇이 진실인지 알고 싶었던)는 마침내 진실에 다다른다. 어쩌면 이 영화의 진정한 시작은 진실에 다다르는 중반 이후부터인지도 모른다. 누군가는 이토록 오래되고 소박한 진실을 찾기 위해 그렇게 많은 시간과 노력을 기울였나 싶어 허탈해질지도 모르지만, 진실이 우리에게 주는 감동은 오래되고 소박해서 오히려 여운이 길다.

— 그때 한 선택을 후회한 적 없어요?

맥주를 마시며 내가 물었다.

— 있어요. 그런데 아마 어떤 선택을 했어도 후회는 했을 거야.

— ……

— 물론 지금도 나쁘지 않아요. 어쨌거나 난 여전히 바이올린을 좋아하거든.

몹시 맛있다는 듯 맥주잔을 비우며 그가 말했다.

다시 추운 계절이다. 이제 겨우 지난여름의 기억에서 벗어났나 싶었는데 다시 새로운 온도와 질감의 계절을 겪어야 한다는 사실에, 날이 갈수록 견딤에 예민해진다는 사실에 지레 겁이 나기도 한다. 그래서 가끔은 기적을 바라기도 하지만 기적은 대부분의 사람들이 누리기 어려운 행운이라는 것을 안다. 혹은 이미 기적이 일어났음에도 불구하고 눈치채지 못하고 지나가고 있는 것일지도 모른다. 그렇다면 그 기적은 평범하고 보잘것없기 때문이 아니라 우리가 꿈꾸는 기적이 과장되고 허황된 것이기 때문일 확률이 높다. 기적은 현실 속에서 일어나는 어떤 바람에 대한 대답이니까. 삶은 이 영화의 마지막처럼, 성실하게 하루하루를 살아내는 것 외에는 별 뾰족한 수가 없다. 나를 인정하는 것, 삶의 마지막 순간까지 꿈꾸기를 포기하지 않는 것, 그것이 삶이라는 복잡한 수식을 푸는 가장 단순하고 바른 자세일 것이다. 기적이 있다면, 아마 거기에서부터 시작되는 것이겠지.

그냥이라는 말

〈도쿄! Tokyo!〉 (2008)

수많은 사람들과 마주쳤다. 간혹 어깨를 부딪치며, 발을 밟으며, 밟히며.

도심을 걸을 때마다 나는 공연히 두렵고 두근거린다. 아는 사람과 마주칠까 봐, 아는 사람을 만날 수 있을까 봐. 그러나 이 도시에서 아는 얼굴과 마주치는 일은 극히 드물었다. 또는 마주쳤지만 모른 채 지나치기도 했다. 도심의 카페에 각각 다른 테이블에 혼자 앉아 있는 사람들을 볼 때마다 나는 생각했다. 매일매일 누군가와 마주치고 만나면서도 우리들은 아무도 만나지 못하는 사람들이라고. 아니, 이제 아무도 만나지 못하는 시대를 살고 있는 것일지도 모른다고.

전철이나 버스를 타면 끝없이 같은 풍경들이 이어진다. 각자의 세계에 열중한 풍경들 속에 끼어 앉으며 나도 그들과 같은 풍경이 된다. 제각각 낀 이어폰에서는 문맥 없는 음악이나 말소리들이 흘러나

온다. 또 간혹 장난을 치며 뛰어다니는 아이와 큰소리로 통화를 하는 사람도 있지만 그것 또한 이미 '말'은 아니다. 하루 종일 한마디도 하지 않았음을 문득 깨달은 밤 이후, 나는 혼잣말이 늘었다. 나에게 묻고 내가 대답하는 시간이 늘어나는 게 이상한 건 아니지만 그래도 가끔 말이 그리운 날이 있다. 참 이상하다. 사방에서 온갖 말들이 넘쳐나는 이 시대에 왜 나는 혼잣말이 느는 것일까. 마음만 먹으면 장소와 시간에 구애받지 않고 '아무나'와 어떤 얘기도 할 수 있는데도 말이다. 그러나 괜찮다. TV도 있고 SNS의 계정도 가지고 있다. 그곳에는 나와 같은 생각을 하는 사람들이 셀 수도 없이 많다. 우리는 만난 적은 없지만 서로의 안부를 걱정하고 기쁨을 같이 나눌 수 있는, 가까운 사람들이다.

그러나 그래도, 때때로 외로운 건 어째서일까.

도쿄에 간 적이 있었다. 내가 사는 도시와 별반 다를 것이 없는 그 도시에서 나는 한 가지 이해할 수 없는 풍경을 발견했다. 바로 여행용 가방을 끌고 다니는 사람들이었다.

— 여행객들이겠지.

훗날 내 얘기를 들은 누군가가 말했다.

— 여행객이 여행 가방을 끌고 등교를 하거나 출근을 하는 일은 좀 이상하잖아.

아마 나는 그렇게 대답했던 거 같다. 물론 왜 여행용 가방을 들고 다니는지는 끝내 알아낼 수 없었다. 다만 복잡한 도심의 물품 보관함 앞이나 전철역의 화장실, 혹은 한밤의 거리에서 만난 그들이 여행객들의 표정을 하고 있었다는 사실만 분명할 뿐이다. 마치 곧 어딘가로 떠날 사람들 같기도 했고 집을 떠나 떠도는 사람들 같기도 했다. 그리고 며칠 전 나는 전철을 타고 강을 건너가다가 내 앞에 앉아 있는 사람들의 표정이 몇 년 전 도쿄에서 보았던 바로 그 표정들이라는 걸 깨달았다. 어쩌면 나 또한 그들과 같은 표정으로 앉아 있었는지도 모를 일이었다.

10년째 은둔 생활을 하는 남자는 소위 '히키코모리'로 불리는 일상을 산다. 그는 게임이나 인터넷 노박으로 시간을 탕진하는 부류가 아니라 나름대로 규칙적인 일상을 영위하는 쪽이다. 매일매일 같은 시간에 밥을 먹고 양변기에 앉아 조는 것도 하루의 중요한 일과이며, 알고 싶거나 가보고 싶은 곳은 주문한 책을 통해 해결한다. 집 밖으로 나갈 필요가 없다. 무엇이든 주문이 가능하고 눈을 마주치지 않

왜 글을 쓰느냐고 누군가 물을 때마다 나는 망설인다.

사실 내 진심은 '그냥'이다. 나는 그냥 쓴다.

분명히 나에게도 간절히 누군가와의 소통을 원하며 글을 썼던 적이 있지만

결국 그 글은 아무것도 아니었다.

내가 무엇에도 귀 기울이지 않았기 때문이라는 걸 안 건 최근이다.

나는 곧 어딘가로 떠날 표정으로 사람들 틈에 끼어 앉아 먼 곳의 지도만 보며 지냈다.

나는 소통을 원했지만 소통이 뭔지 오랫동안 몰랐다.

그러니 나는 오랫동안 글을 쓴 게 아니었다.

고도 배달원에게 돈을 지불할 수 있다. 그의 작은 세계는 가지런하고 완벽하다. 아무도 몰래 혼자서, 혼자만.

그런 그에게 일생일대의 사건이 일어난다. 지진 때문이다. 피자 배달부에게 피자 가격을 치르는 사이에 지진이 일어난 것이다. 피자 배달부는 남자의 눈앞에서 기절을 한다. 10년 동안 아무도 들인 적 없는 남자의 집 안으로 사람이 들어왔다. 게다가 여자다. 다시 저 여자를 집 밖으로 몰아내야 한다. 그런데 그녀는 좀처럼 깨어날 기미가 보이지 않는다.

남자는 여자를 흔들어 깨우다가 이상한 것을 발견한다. 버튼이다. 여자의 몸에 여러 개의 버튼이 붙어 있다. 사람을 상대하는 일에 서툰 남자는 소매 안쪽의 그 버튼을 누를지를 놓고 다시 고민한다. 그러나 아무래도 여자를 깨워 '밖'으로 내보내기 위해서는 다른 도리가 없다. 입으로 바람을 불어 여자의 소매를 들어올리고 'reset' 버튼을 누른다. 여자가 반짝 눈을 뜨고 남자를 바라본다. 여진으로 다시 세상이 조금 흔들리지만 여자는 남자의 바람대로 '밖'으로 나간다. 남자는 다시 평화로운 일상으로 돌아왔다. 그런데, 흔들린다. 무엇인가가 그를 내내 흔들었다. 남자는 마침내 문을 연다. 햇살이 쏟아진다. 남자가 10년 동안 외면했던 햇살이다. 그 빛으로 인해 남자의 공간은 한층 더 어둡게 느껴진다. 움직이지 않던 영화의 화면이 움직이기 시작한 건 바로 그 장면부터다. 남자가 드디어 '밖'으로 나온 바로 그 순간, 길이 흘러가고 햇살이 지나간다.

왜 글을 쓰느냐고 누군가 물을 때마다 나는 망설인다. 사실 내 진심은 '그냥'이다. 나는 그냥 쓴다. 분명히 나에게도 간절히 누군가와의 소통을 원하며 글을 썼던 적이 있지만 결국 그 글은 아무것도 아니었다. 내가 무엇에도 귀 기울이지 않았기 때문이라는 걸 안 건 최근이다. 나는 곧 어딘가로 떠날 표정으로 사람들 틈에 끼어 앉아 먼 곳의 지도만 보며 지냈다. 나는 소통을 원했지만 소통이 뭔지 오랫동안 몰랐다. 그러니 나는 오랫동안 글을 쓴 게 아니었다. 당신을 모르는 나를 당신이 제대로 읽어주길 바라는 일은 뻔뻔한 생각이었다. 지금 나는 희망 없이 간절하게 나를 고백할 뿐이다. 쓰면서, 읽으면서, 귀 기울이면서. 두근거리며 두려워하며 더듬더듬 집을 나설 뿐이다. 그러므로 그냥.

어쩌면 진부하게 여겨지는 이 영화를 끝까지 본 건 그 때문이었다. 세상이 나만 두고 저만큼 흘러가버린 것 같은 어느 오후에 나는 무기력했다. 무엇이 문제인지 고민했다. 그리고 단순히 말을 통해 생각을 나누고 서로를 이해하고 교감한다는 일반적인 의미 이전의 의미에 대해 생각했다.

이 영화는 소통과 교감이 시작되는 그 순간을 '흔들린다'라는 동사로 규정한다. 흔들리지 않고서는 어떤 소통도 불가능하다. 소통이란 '나'를 주장하고 '나'에 대한 설득에서 시작하는 것이 아니라 '너'를 읽고 '너'를 바로 그리기 위한 노력에서 시작하는 것이니까. 흔들리지 않고서는 가능하지 않은 일들이다.

집으로 돌아와 TV를 켜고 SNS를 확인한다. 모두들 무사히 잘 지낸다. 나는 여전히 누군가가 휴가지에서 보내온 사진을 확인하고 다른 누군가가 링크해 둔 음악을 들으며 그들과 교감하고 있다고 느낀다. 그런데, 그래도 여전히 여기는 적막하고 적적하다. 친절한 그들에게 감사를 전하고 내 근황을 알려야 한다. 그렇지 않으면 곧 잊힐지도 모른다. 흔들렸다. 두려워서, 외로워서.

언젠가 나는 그에게 물었다. 왜 필요한 게 있는지 물었냐고.

— 그냥. 뭔가 필요할 거 같아서.

그가 대답했다.

그즈음이었다. 우리가 슬그머니 딱딱한 존칭과 존대를 놓아버린 건. 딱히 특별한 계기가 있었던 건 아니었다. 어쩌면 어떤 감정은 '그냥'에서 출발한다는 걸 깨닫기 시작할 무렵이었다.

역설적인 판타지의 세상

〈스트레인저 댄 픽션 Stranger than Fiction〉(2006)

오랜만에 전화를 걸어온 언니가 대뜸 신세 한탄을 늘어놓기 시작했다. 초등학교 3학년인 조카 때문이었다.

— 글쎄, 개학이 내일인데 일기를 하나밖에 안 쓴 거야. 그것도 두 줄.

— 그래서?

— 밤새 쓰게 했지.

— 그게 일기니?

— 그래도 숙제는 해 가야 하잖아. 걘 도대체 누굴 닮은 건까?

— 언니 너.

나는 호박꽃에 대한 얘기를 꺼냈다. 전화기 너머로 숨넘어갈 듯 웃는 소리가 들렸다.

어린 시절의 방학 숙제는 유난히 시간과 품을 들여야 하는 것들이 많았다. 곤충채집을 하거나 조개껍질 모으기, 주변에서 자라는 식물 조사하기 따위들은 앉은 자리에서 뚝딱 해치울 수 있는 숙제가 아니었다. 그러나 그때 우리들에게 방학은 방임의 계절이었다. 들판에 풀어놓은 양떼처럼 우리는 맘껏 동네를 쏘다녔다. 그러다가 개학 전날이 되면 밤새 졸면서 일기를 쓰고 방학 숙제를 급조했다.

어느 늦여름, 엄마는 개학을 하자마자 학교에 불려갔다. 언니가 방학 숙제로 제출한 호박꽃 관찰 일기에서 나온 벌레 때문이었다. 개학날 아침 언니는 급한 김에 마당에서 키우던 호박꽃을 따서 공책에 붙여 냈고, 하필이면 숙제 검사를 하기 위해 공책을 펼쳤던 담임에게 그때까지 살아 있던 벌이 달려든 것이었다. 그날 저녁 언니는 회초리가 부러질 정도로 종아리를 맞았다.

— 그렇게까지 할 일은 아니었어.

다시 생각해도 억울하다는 듯 언니가 말했다. 돌이켜 보면 언니의 말대로 그렇게 큰 일이었던 건 아니다. 나는 웃으며 말했다.

— 어른들도 늘 이성적인 건 아니거든. 언니는 그날 일을 교훈 삼아 감정적으로 너무 나무라지 마. 베란다에 호박 같은 것도 심지 말고.

우리는 수화기에 대고 킥킥거리며 한참을 웃었다. 전화를 끊고 기억을 공유하며 깊어지는 관계들에 대해 생각했다. 나는 혼자지만 아주 혼자인 건 아니었다. 사람이 진짜로 외로워지는 순간은 기억을 나눌 누군가가 없다는 걸 깨닫는 그 순간일 거였다. 이제는 늙은 엄마가 우리들 앞에서 자꾸 옛날 기억을 반추하는 건 아마도 외롭기 때문이구나. 그런 생각들이 꼬리에 꼬리를 무는 여름날이었다.

내게 보이는 그는 선천적으로 외로움이라는 감성을 느끼지 못하는 사람처럼 여겨졌다. 늘 뭔가를 하고 있거나 어딘가로 이동 중이었다. 밥은 혼자서도 잘 먹고 특별히 까다로운 취향도 없는 편이었다. 뿐만 아니라 주변 사람들과 원만한 관계를 유지하는 동시에 세계와 적당히 거리를 두는 방법에도 능숙하다. 게다가 한 달에 한 번 본가를 찾아가 부모님과 시간을 보낼 줄도 알고 길에 버려진 고양이를 데려와 가족으로 삼을 정도의 동정과 애정도 있는, 그야말로 별로 나무랄 데가 없는 인성도 가지고 있는 그런 남자였다. 물론 오랜 시간을 통해 알게 된 그런 모습이 그의 전부는 아닐 거라는 걸 안다.

— 그래도 가끔 외롭지 않아?

나는 궁금했다. 그는 또 그거냐는 듯한 표정을 지어 보이며 말했다.

— 누구나 외로워. 둘이든 혼자든, 주변에 사람이 많든 적든.

— 그러다 늙고 병든 어느 날 외로워지면 어떻게 하려고?

— 나도 그런 생각한 적 있어. 그 생각을 하니까 그 생각 때문에 갑자기 우울해지더라고. 그래서 근본적인 대책을 세웠지.

— 무슨 대책?

— 결혼을 당장 할 수는 없으니까…… 보험을 여러 개 들었어.

터무니없이 진지한 그의 표정을 보며 나는 실소를 터트렸다. 그는 나에게 언제 가장 외롭냐고 되물었다. 나는 글을 쓸 때라고 대답했다. 그는 잘 이해하지 못하겠다는 듯이 고개를 갸우뚱거렸다.

— 좋아서 하는 일인데, 왜 외롭지? 혼자 하는 작업이라서?

나는 그에게 오래전에 보았던 영화 얘기를 꺼냈다.

그 남자는 셈법에 능통하고 과묵한 세금조사원이다.

12년 동안 정해진 시간에 잠들어 정해진 시간에 일어나서 32개의 이를 76회 닦는 – 좌우로 38번, 아래위로 38번 – 남자이며 시간을 절약하기 위해 더블매듭법이 아닌 싱글매듭법으로 넥타이를 매고 블

록당 57걸음의 속도로 6블록을 걸어가 8시 17분 버스를 타고 직장으로 향하는 남자다. 또한 매일 7134장의 세금 서류를 처리하고 45.7분의 점심시간과 4.3분의 티타임까지 정확히 계산할 줄 알 뿐만 아니라 퇴근 후 혼자 저녁을 먹고 23시 13분에 잠자리에 드는 남자이기도 하다. 남자는 그 고적하고 외로운 삶을 12년 동안 한 번도 어긴 적이 없다. 남자의 삶에는 어떤 우연이나 인연이 끼어들 틈이 없다. 마치 삶은 그저 당연히 그래야 한다는 듯이.

— 실제로 그렇게 기계적인 사람은 없어.

그는 단언했다. 나는 못 들은 척 말을 이어 나갔다.

— 여기서부터가 중요해. 그 남자에게 소설 같은 일이 일어났거든.
— 영화나 소설이나 픽션이기는 마찬가지잖아.
— 인내심을 갖고 좀 들어봐요.

어느 날 아침, 남자는 양치질을 하는 자신에 대해 3인칭으로 서술하는 어떤 목소리를 듣게 된다. 아무리 주위를 둘러봐도 누군가 있을 리 만무하다. 그런데 이상하게도 자신의 행동을 묘사하고 진술하던 그 목소리는 시간이 지나도 사라지지 않는다. 제아무리 기계 같은 남자일지라도 좀처럼 평상심을 찾기가 어려운 것은 당연하다. 더

불어 어딘가에서 들려오는 목소리가 자신의 행동을 따라오는 것인지 자신이 목소리가 시키는 대로 행동하는 것인지조차 혼란스러운 지경에 이를 즈음 '목소리'는 청천벽력 같은 말을 내뱉는다.

"그는 알지 못했다. 곧 자신에게 죽음이 닥칠 거라는 사실을."

— 뻔한 스토리네. 기발하기는 하지만 찰리 채플린의 〈모던 타임즈〉 아류 아닌가? 현대인의 자화상 운운하는.

— 해석은 자유지만 끝까지 들어보면 어떨까? 이 영화는 이제부터 시작인데.

이 영화는 입력된 몇 개의 명령어만으로 삶을 영위하는 기계적인 인간과 그 인물을 소설의 주인공으로 설정한 소설가의 내레이션으로 진행된다. 물론 실존하는 인물인 남자의 삶이 소설가인 여자의 의도대로 진행된다는 설정은 다분히 판타지적이다. 그러나 판타지의 힘은 판타지를 통해 역설적으로 이 삶이야말로 진짜라는 사실을 깨닫는 것에 있다. 그와 더불어 가상현실을 통해 기계적인 삶을 사는 한 존재가 진짜 '사는 것같이' 살 수 있다면 그야말로 진정한 판타지가 아닐까. 나는 오랫동안 그에게 해주고 싶었던 말을 꺼냈다.

— 당신은 판타지를 우습게 아는 경향이 있는데 실은 말이야, 판

타지가 삶의 역설이라는 생각은 안 해 봤어? 그리고 판타지인지 아닌지는 어쩌면 중요하지 않은 걸지도 몰라. 실제로 판타지보다 더 이상한 일은 현실에서 얼마든지 찾을 수 있잖아.

— 그럼 뭐가 중요한데?

그는 여전히 심드렁했다.

— 허구에도 분명히 내적 논리가 존재한다는 거. 『투명인간』이나 『이상한 나라의 앨리스』 같은 작품들처럼 말이야. 분명히 말이 안 되는 얘기들인데 충분히 말이 되는 것처럼 여겨지잖아. 우리가 그 작품들에 매력을 느끼는 건 바로 그 부분이라고. 말도 안 되는 얘긴데 이상하게 고개가 끄덕여지는 요소들이 있잖아.

— 그게 외로운 거랑 무슨 상관이야?

— 그런 작품들이 그냥 아무렇게나 상상력만으로 쓰인 거라고 생각하는 건 아니지?

— 그럼 뭐가 더 필요해?

— 자신이 만든 상상력을 독자에게 설득시킬 수 있는 논리가 필요하겠지. 설득은 정말 힘들고 외로운 과정을 통해야만 얻어지는 거니까.

턱을 괸 그는 한동안 뭔가 생각하는 표정이었다. 나는 그런 그를 바라보며 문득 누군가를 이해시키기 위해 이렇게 많은 얘길 해본 건 아주 오랜만이라는 생각을 했다. 왜 나는 그를 이해시키기 위해 노력하고 있는 걸까.

— 그러니까 당신 말은 영화나 소설에도 논리가 필요하고 그 논리를 정립하는 과정은 외로울 수밖에 없다는 말이야?

— 응. 대충 그런 의미야.

— 그래. 그건 그렇게 이해할게. 그런데 논리를 만들어 내는 일이 외롭다는 말은 잘 이해가 안 돼.

— 백지 앞에서 끝없이 고민하고 궁리하며 만들어야 하는 논리에 대해 알길 바라는 거야. 소설은 과학처럼 수치나 통계에 의해 논리가 만들어지는 게 아니니까. 무수히 많은 단어들 중에서 어떤 단어를 골라 어떻게 써야 할지. 그 생각만 하면 늘 막막해.

알길 바랐다는 말. 그게 내 진심의 시작이었다. 몰라도 상관없는 그 일을 왜 나는 그가 알아주길 바랐을까. 그걸 설명할 논리가 내게는 아직 없었다. 그래서 내일의 날씨에 대해 얘기하고 각자가 가입한 보험에 대해 정보를 교환하는 동안에도 내내 나는 '그가 알길 바랐던' 것의 정체에 대해 생각했다. 그건 외로움이었을까, 아니면 외로움을 설명하고 싶었던 내 마음이었을까. 뭔가 스스로를 납득시킬 논리가 필요한 기분이었다. 그러는 동안 나는 또 갑자기 지독하게 외로워져버렸다. 몇 달 전의 일이었다.

저녁때 그에게서 문자가 왔다. 퇴근 후 그 영화를 봤다고 했다.

[무슨 영화?]

[언젠가 당신이 논리 운운하며 내게 보라고 했던 그 영화]

그가 그 영화와 그때 했던 말들을 여태 잊지 않았다는 사실이 신기했다.

[아, 어땠어?]

[좀 외로웠어.]

외롭다는 그의 말에 나는 가슴이 두근거렸다. 이상한 일이었다.

[왜?]

[남자가 주인공인 영화라서. 그리고 잘생기지 않은 남자라서.]

소리 내어 웃을 수밖에 없었다. 그가 웃길 줄도 아는 남자라는 사실이 웃겨서 자꾸 웃음이 나왔다.

2부

견디는 삶을 위하여

〈마스터 The Master〉 (2012)

약속 장소인 대형 서점에 도착했을 때 내가 보았던 건 책과 북적이는 사람들 사이에서 미간을 찌푸린 채 우두커니 서 있는 그였다. 있고 싶지 않은 곳에 겨우 서 있는 사람처럼 보였다. 나는 그곳에서 만나기로 했던 게 어느 쪽이었는지 기억을 더듬었다. 다행히 거기서 만나자고 했던 건 내가 아니었다. 나는 그에게로 다가갔다.

— 뭐해?

— 아, 다행이야.

— 왜 다행인데?

멀미가 날 지경이었거든.

— 사람들 때문에?

— 심각한 저출산율 국가라는 게 믿기지 않을 정도야.

그가 고개를 절레절레 흔들며 말했다. 주변을 둘러보았다. 주말이라 그런지 유난히 아이들이 많이 눈에 띄었다. 다들 뭔가 기쁘고 신이 난 표정들이었다.

— 뭐 그렇게 말할 거까지는 없잖아. 책을 골라주고 읽어주는 부모를 둔 행복한 아이들일 뿐이야.

— 나도 그게 나쁘다고 생각하지는 않아. 이런 곳에서 소리를 지르고 뛰어다니는 아이들을 마냥 흐뭇하게 바라보는 부모들이 싫은 것뿐이야.

— 당신도 언젠가 그런 부모가 될지도 몰라.

— 설마.

— 겪어보기 전에는 절대 알 수 없는 게 있대.

— 정말 아이들을 사랑한다면 때와 장소를 골라 행동할 수 있도록 가르쳐야겠지. 그건 배변 훈련만큼이나 중요한 거야.

— 저런 시절도 이제 얼마 남지 않았잖아. 난 가끔 아이들을 볼 때마다 그런 생각을 해. 입시며 취업이며, 사랑이며 우정이며, 다치고 넘어지고 울어야 할 일들이 산더미일 텐데, 지금은 마냥 행복해도 좋지 않을까.

— 그래서 나약하게 키우면 안 되는 거야.

그가 씩씩하게 말했다.

웃통을 벗은 남자들이 바닷가에 모여 있다. 모래밭으로 쏟아지는 햇빛은 한없이 눈부시고 바다 또한 비현실적일 만큼 푸르다. 영화는 남태평양이나 지중해 어디쯤의 아름다운 해변을 연상하게 하는 풍경에서 시작한다. 그런데 그 바닷가에 서 있는 그들의 표정은 어딘가 우울하고 권태롭다. 관객들은 그제야 자신들이 물빛과 햇빛에 잠시 속았다는 사실을 깨달을 것이다. 그들은 해변에 모여 한가롭게 시간을 보내는 사람들이 아니라 그곳에 갇혀 할 일이 없는 사람들이었다. 전쟁 때문이다. 제2차 세계대전은 분명 연합군이 승리한 전쟁이었지만 전쟁은 이긴 쪽과 진 쪽 양쪽 모두에게 깊은 상처를 남겼다. 그 전쟁을 겪은 개개인들에게 승패는 별 의미가 없는 것인지도 몰랐다. 눈에 보이는 상처는 아물지만 보이지 않는 내면에 깃든 병은 쉽게 낫지 않았다. 순식간에 많은 것이 변했고 많은 것이 사라졌다. 그들 중 누구도 소리 내어 아프다고 말하는 사람은 없었다. 그저 바닷가에 앉아 모래로 만든 여자의 나신을 더듬거나 술을 마시며 수평선을 바라볼 뿐이다. 그즈음 거짓말처럼 갑자기 전쟁이 끝났다. 이제 집으로 돌아갈 수 있다. 그러나 남자는 그것조차 더 이상 기쁘지 않다. 돌아갈 곳은 오래전에 사라졌다는 사실을 떠올린 것이다.

이 영화의 주요 배경이 되는 전후戰後의 세상은 후일담으로 가득하다. 그들에게 '지금'은 현실이 아니라 어떤 사건이 끝나고 난 후의 세상이다. 이제는 다시 어떻게 살 것인지, 전쟁이 각자의 삶을 어떻게 바꿨는지에 대한 두려움과 기대로 술렁거리는 시절이 도래했다. 전쟁의 시작과 끝이 분명했던 것에 비해 두려움과 기대는 시작과 끝이 분명하지 않다. 전후는 잠시 중단되었던 개별적 실존이 다시 시작되는 지점이다. 그런 맥락에서 전후는 또 다른 혼돈의 시작이다. 남자가 고향으로 돌아가지 못하는 이유도 그러한 혼돈 때문이다. 스스로도 납득할 수 없는 이유로 끊임없이 현실에서 도망치는 그는 달라진 세계에 적응할 수 없는 것이 아니라 적응하기를 거부하는 사람처럼 보인다. 고향으로 돌아가는 대신 백화점에서 사진사로 일하며 생활하던 그는 결국 그 일도 견디지 못한다. 이제 그를 위로하는 것은 담배와 자신이 직접 제조한 밀주뿐이다. 아무도 그를 쫓는 사람은 없지만 그는 끊임없이 쫓긴다. 그러던 어느 날 그는 마스터라 불리는 남자의 배 안으로 숨어든다. 육지가 아니라 바다 위라면 안전할지도 모른다고 생각한 것일까.

— 분명한 건, 분명하지 않은 이 세상이 분명한 뭔가를 간절히 원한다는 거야. 이 영화에서 가장 분명한 건 그거라고 생각해.

— 당신이 말장난을 시작하면 뇌가 꼬이는 거 같아. 그러니까 뭐야, 마스터가 필요하다는 말이야? 필요하지 않다는 말이야?

— 당신은 당신의 인생에서 당신에게 가장 도움이 됐던 사람이 있었어?

— 사람이라기보다…… 나는 힘들 때마다 아버지의 가게에 가.

— 그러니까, 누구에게나 다 그런 게 하나씩 있을 거라고. 아무것도 없이, 아무도 없이 살기에 생은 너무 길어. 그가 밀주를 조제해 마셨던 건 아무것도 없는 삶을 견디기 위해서였을 거야.

— 술로 얻을 수 있는 건 망각과 실수뿐이야. 누구나 다 아는 것처럼 결국 그건 일시적인 도피일 뿐이라고.

— 당신 말도 맞아. 그러나 망각도 어쩌면 견딤의 한 수단이 될 수 있어. 그게 전후라면 더더욱.

자신을 의사이자 작가라고 소개한 마스터는 자신의 작업 '과정'을 통해 사람들이 과거로 거슬러 올라가 또 다른 자신을 기억해 내고, 그 과정에서 육체적인 병을 치유할 수 있다는 다소 황당한 이론가다. 그의 이론이 의심스럽기는 하지만 다시 육지로 돌아가고 싶지 않은 남자는 마스터와 우호적인 관계를 유지해야 한다. 자신이 만든 밀주를 나눠 마실 친구가 생겼다는 것만으로도 충분히 그럴 가치가 있다고 판단한 것이다. 마스터의 프로젝트인 '코즈'에 우연히 남자가 참여하기 전까지 그들은 그 정도의 관계였다. 그러던 그들이 서로에게 강한 유대감을 갖게 된 건 남자가 마스터의 작업 대상이 된 후였다. 마스터는 대화를 통해 남자를 남자 자신의 캄캄한 현실과 대면하게 만든다. 그 현실이란 다름 아닌 상실과 죄의식으로 점철된 남자의 과거였다. 그 과거의 중심에 남자가 사랑했던 여인 도리스가 있다. 그녀는 남자에게 '지금'을 자각하게 만드는 여성이면서 동시에 회피하게 만드는 여성이고 그럼에도 불구하고 간절히 바라는 여성이다. 다시 말해 도리스는 내내 남자에게 구원의 대상이었고 남자는 지금 그녀라는 구원으로부터 도망치고 있는 셈이었다.

뭔가를 간절히 원하는 사람이 많아질 때 신들은 바빠진다. 전후란, 그런 신들이 가장 바쁜 시기일 것이다. 전쟁이 끝난 직후 과거를 기억해 내는 데 주력하던 사람들은 점점 더 많은 것을 상상하고 싶은 욕망에 사로잡힌다. 과거를 기억해 낸 남자 또한 새로운 삶을 찾았다. 이제 남자는 마스터라는 종교를 상상한다. 그 상상이 남자를 마스터 곁에 머물게 하는 힘이 되었다. 어느덧 남자는 '코즈'의 일원이 되었고 그것이 무엇인지 제대로 알기 전에 '코즈'를 지키는 수문장이 됐다. 그러니까 남자는 마스터의 코즈를 지키고 마스터는 남자의 내면을 지키는 관계가 된 것이다.

이제 마스터가 펼치는 논리는 기억하는 것에서 상상하는 것으로 점점 더 그 의미를 확장한다. 전자가 단순히 사실을 떠올리는 것에 그친다고 한다면 후자는 그보다 더 크고 넓은 영역의 확장을 가능하게 하기 때문이다. 상상하는 것은 사실의 여부와 상관없다. 그래서 상상은 매력적이고 위험하다. 남자가 중얼거리며 자신의 삶의 구조를 바꾸고 이야기에 살을 붙이는 장면은 상상이 갖는 힘에 대한 경고로 읽힌다. 기억은 실존의 영역이지만 상상은 그보다 훨씬 더 초월적인 영역이어서 때로 공포스러워질 수 있는 것이다.

— 아까 서점에서 놀란 게 있어. 멘토니 힐링이니 이런 제목의 책들이 생각했던 것보다 훨씬 많더라고. 홍수란 생각이 들 정도였어.

— 고전은 안 읽어도 그런 책은 읽으니까, 경쟁적으로 찍어 내는 거겠지.

— 모두들 쉬운 답을 구하고 싶어 하는 거 같아. 마치 오늘의 운세에서 위안을 삼는 것처럼.

— 그래서 영화 마지막에 마스터가 했던 말은 마치 경고 같았어.

마스터와 헤어져 도리스에게 돌아간 남자가 깨달은 것은 결국 타인의 구원이란 존재하지 않는다는 것이었다. 마스터에게로 되돌아가지 않기로 결심한 것도 어쩌면 그 때문이다.

떠나는 남자에게 마스터가 말한다.

"마스터를 두지 않고 사는 사람을 발견한다면, 우리에게 알려주겠나? 사상 최초의 인물이니까."

우리는 신처럼 완벽하지 않다. 그저 도구를 사용할 줄 알고 불을 다룰 수 있으며 아름다움과 추함을 구별할 수 있는 눈과 마음을 가졌을 뿐이다. 그리고 어쩌면 오랜 세월 동안 나약한 쪽으로 진화해 왔다. 사방에서 외롭고 힘들다고 아우성이다. 물론 외롭고 힘든 사람이 늘어나는 것이 사실이다. 그런데 외롭고 힘들어서 마스터가 출현하는 것이 아니라 마스터가 출현했기 때문에 외롭고 힘들어지는 것은 아닐까. 그러니 이제 마스터의 말대로 마스터를 두지 않고 사는 방법은 없는 것인지도 모른다.

— 언제부터인가 사람 인人의 의미가 잘못 쓰이고 있다는 생각이 들어. 사람과 사람이 함께 사는 관계로서의 인人이 아니라 기대지 않고는 살 수 없는 존재로서의 인人으로 말이야.

— 자신하지는 마. 언젠가는 당신도 의지할 곳이 필요할 날이 올지도 몰라. 인간은 그런 존재니까.

— 알아. 그래도 첨탑을 높이기 위해 헌금을 하거나 기왓장에 기도하는 그런 일은 안 할 거야. 씩씩하고 착하게 사는 게 제일 중요해.

우리는 그런 얘기를 했다. 씩씩하고 착하게 사는 것이 말처럼 쉽지 않다는 걸 알지만 그래도 성공한 사람의 신화를 동경하고 따라 하는 것으로 세월을 낭비할 만큼 어리거나 어리석지 않아서 다행이었다. 그가 그걸 다행이라고 생각하는 사람이어서 정말 다행이었다.

악보 없는 인생

〈마지막 사중주 A Late Quartet〉 (2012)

남해라는 지명을 떠올리면 크고 작은 섬들이 긴 그림자를 맞대고 수평선을 가리는 풍경이 떠오른다. 내가 기억하는 고향은 늘 그런 모습이다. 한낮에 그곳을 다시 떠올린 건 전동차 안에서 들리던 어떤 억양들 때문이다. 알록달록 차려입은 한 무리의 할머니들이 노약자석에 앉아 수다를 떨고 있었다. 바닷가 특유의 억세고 빠른 음조들. 나는 왜 아직도 그곳의 억양이 이렇게 익숙할까. 말이라도 한번 걸어보고 싶은 심정이었다. 잘 지냈느냐고, 어디 아픈 곳은 없느냐고, 이렇게 먼 곳까지 웬일이냐고.

바짝 마른 나뭇가지처럼 작아진 할머니의 장례를 치른 건 재작년 벚꽃이 흩날리던 계절의 일이었다. 예고된 일이었지만 나는 담담할 수 없었다. 나에게 물길을 읽는 법을 가르쳐주고 나에게 굴 맛을 처음 알게 했고 사물을 분별하는 방법에 대해 일러준, 내 피붙이였던

이의 죽음이었다.

— 할머니는 좋은 것과 나쁜 것, 그러니까 동그라미와 엑스로 내게 분별력을 가르치고 싶었던 거 같아.

— 동그라미와 엑스로 뭘 어떻게?

— 거짓말은 엑스, 반찬투정 안 하는 건 동그라미, 뭐 이런 식이었지.

— 재밌네.

— 적어도 분별력을 기르는 데에는 도움이 됐어.

— 바다!

— 당연히 동그라미지.

— 술!

— 엑스.

— 늦잠.

— 엑스.

— 미안.

— 동그라미.

한 시간이나 늦게 약속 장소에 나타난 그는 그렇게 내게 사과했다. 전날 외국으로 떠나는 친구의 환송회 자리에서 할 말이 없어 술만 마셨다고 했다.

— 왜 할 말이 없어? 축하해줘야 하는 일 아니야?

— 좋은 일로 가는 게 아니었어.

— 왜? 환송회까지 했으면 야반도주도 아닐 텐데.

— 딸 때문에 떠나는 거야. 딸이 아프거든.

— 뭘 외국까지……. 우리나라 의료 환경도 좋지 않아?

— 딸이 태어날 때부터 뇌성마비였거든. 치료를 위해 가는 게 아니라…… 딸의 미래를 위해서 가는 거래.

더 물을 수가 없었다. 우리나라에서 장애를 가지고 산다는 게 어떤 건지 단언할 수 없어서 함부로 말할 수도 없었다. 최근 들어 조금씩 편견을 극복하려는 노력들이 보이지만 가끔 들려오는 뉴스들에 의하면 여전히 이곳은 장애인을 위한 나라는 아니었다.

— 처음 딸이 태어났을 때 그 친구 부부는 정말 힘들어했어. 아이의 장애에 대해 서로의 잘못으로 돌리기도 했고 사돈의 팔촌 병력까지 더듬으며 끝없이 생각했대. 왜 나에게 이런 일이 일어났을까, 하고 말이야.

— 받아들이기 쉬운 문제가 아니었을 테니까.

— 어제 그 친구가 그런 말을 하더라고. 과거의 문제를 캐느라 지금 뭘 해야 할지를 깨닫지 못하고 시간을 흘려보낸 게 가장 후회된다고 말이야.

— 최근에 밑줄을 그은 문장이 있었어.

— 무슨 문장이었는데?

— 때로 인생은 '무언가를 계획하는 사이에 일어나는 다른 사건'이라는 말, 멋있지 않아?
그 대목을 읽는데 정신이 번쩍 나더라니까.

대단한 발견이라도 한 양 신이 난 표정의 그 앞에서 나는 고개를 끄덕였다.

생각해보면, 십 년 전의 나도 지금의 나를 상상하지 못했다.

— 현재를 과거로부터 분리하는 건 누구에게나 어려운 일 아닐까. 그러니까 아무렇게나 흘려보낸 건 아닐 거야.

— 나도 그렇게 말했어. 그런 말이 무슨 의미가 있는 건지는 모르지만 달리 해줄 말이 없더라.

나도 그에게 할 말이 없었다. 다만 남의 불행으로 나의 행복을 확인하는 일을 하지 않으려 노력하며 앉아 있을 뿐이었다.

현악 4중주 단원이 차례차례 무대로 올라온다. 관객들 앞에 앉은 그들은 눈을 맞추고 호흡을 가다듬는다. 그러나 서로를 바라보는 그들의 눈빛은 어쩐지 불편하고 불안해 보인다. 그들이 연주할 곡은 베토벤 현악 4중주 중 14번. 이 곡은 총 7악장으로 구성되어 있으며 전곡 연주 시간이 40분 내외인 작품으로 시작부터 끝까지 쉬지 않고 연주하도록 되어 있다. 그러니까 이 곡은 네 명의 낭독자가 쉼표가 없는 문장을 40분간 동시에 읽어야 하는 일과 같다. 다른 연주자들의 숨소리 하나까지 읽어야 화음을 맞출 수 있는 곡을 그들은 과연 무사히 끝낼 수 있을까.

"현재와 과거의 시간은 미래의 시간 속에 존재하고 미래의 시간은 과거의 시간에 포함되어 있다."

베토벤 현악 4중주 14번에 대해 T. S. 엘리엇이 쓴 글이다. 그는 이 작품을 인간이 가진 유한한 삶의 연속성에 빗대 표현했다. 삶이라는 시간은 과거와 현재와 미래가 단절적으로 존재하는 시간이 아니라 그 자체가 이미 삶이라는 의미일 것이다. 아닌 게 아니라 일단 태어나면 죽음에 이를 때까지 쉴 새 없이 흘러가는 인생과 이 곡은 닮아 있다. 되돌아갈 수도, 잠시 멈출 수도 없다. 오직 자신이 가진 리듬과 속도로 계속 흘러갈 수밖에 없다. 문제는 각자의 삶이 오롯이 혼자만의 삶일 수 없다는 데에 있다. 삶은 독자적인 것이면서 타인과의 관계 안에서 지속되는 것이기 때문이다. 맞추다,라는 단어에 많은 의미가 발생하는 것은 이 단어 안에 숨어 존재하는 '타자'에 그 이유가 있다. 누군가와 함께한다는 것은 그와 나를 서로에게 맞게 조율하는 것이다.

— 이상해. 결혼을 안 한 사람들은 누군가와 같이 있고 싶어서 안달인데 왜 결혼을 한 사람들은 혼자 있고 싶어 할까?

— 주위에 누가 혼자 있고 싶어 하는데?

— 누구랄 것도 없어. 결혼한 애들은 다들 그 얘기야. 웬만하면 혼자 살라고.

— 자기들은 해놓고 당신보고는 하지 말래?

— 해보고야 알았다는데?

— 그래서 해보려고?

— 그걸 알아보려고 결혼하는 사람은 없어.

우리는 쓸데없는 얘기들이 점점 많아졌다. 물론 그와 내가 나누는 말들이 의미 없다는 말은 아니다. 다만 몰라도 상관없는 것들, 그러니까 어젯밤에 먹은 스파게티가 너무 맛이 없었다거나 어젯밤에 온 도시를 뒤덮은 열대야를 어떻게 극복할 수 있는지 따위의 사소한 얘기를 나누는 시간이 길어진다는 말이다. 그는 내가 기름진 음식을 그리 좋아하지 않는다는 것을 알았고 나는 그가 냉면 중에서 분식집에서 파는 냉면을 가장 좋아한다는 것을 알았다. 누군가를 알게 된다는 건 오래 걸리는 일이구나. 그즈음의 나는 큰 깨달음을 얻은 사람처럼 몇 번쯤 그 말을 중얼거렸던 같기도 했다.

이 영화는 결성 25주년을 맞은 '푸가' 현악 4중주단에 대한 이야기다. 첼리스트 피터, 제1 바이올리니스트 다니엘, 제2 바이올리니스트 로버트, 비올리스트 줄리엣이 푸가의 단원들이다. 이들의 갈등은 팀의 리더 격인 피터가 파킨슨병을 진단 받는 것에서 시작된다. 단원들에게 더 이상 피터와 공연을 할 수 없다는 충격은 잠시였다. 푸가를 재정비할 수밖에 없는 상황은 곧 오래 묵혔던 각자의 불만을 표출하는 계기가 된다. 은퇴를 선언한 피터는 새로운 첼리스트를 구해 푸가를 존립하게 하려 애쓰지만 단원들의 갈등은 골이 깊어간다. 25년이라는 세월 동안 수없이 많은 공연을 하며 누구보다 서로에 대한 깊은 이해와 배려가 있을 거라 여겼던 그들이 싸우기 시작한 것이다. 제1 바이올린 자리를 넘보는 로버트와 엄격한 자기 통제와 완벽한 곡 해석만이 음악가가 마땅히 취해야 할 자세라고 주장하는 다니엘, 그들은 서로를 비난한다. 재능과 열정의 부족함과 과함에 대해, 도전과 영역과 예술의 정신에 대해 싸우던 그들은 급기야 원색적인 문제를 들추며 서로를 헐뜯기에 이른다. 설상가상으로 그 사이에 끼어 있던 첼리스트인 줄리엣은 남편(로버트)의 외도, 그리고 딸 알렉산드라와 동료인 다니엘의 연애를 목격하기에 이른다. 그런 그들에게 피터는 자신의 고별곡으로 베토벤 현악 4중주 14번을 연주하자고 제안한다. 40분 동안 쉴 새 없이 연주해야 하는 곡을 말이다. 피터는 이 곡에 대해 다음과 같은 질문을 던진다.

"이 곡은 각 악장이 연결되어 있어서 연주자들이 중간에 쉬어선 안되지. 이렇게 쉼 없이 오래 연주하면 각 악기들이 음률이 서로 어긋나게 돼. 이럴 땐 어떻게 해야 할까? 연주를 멈춰야 할까? 아니면 불협화음이 생겨도 필사적으로 서로에게 맞춰 가야만 할까? 정답은 나도 몰라."

25년 동안 삼천 번의 공연을 할 정도로 음악에 대한 열정과 재능을 가진 푸가의 단원들은 현실 속에서는 서툴기 그지없는 인간들이다. 동료의 딸과 연애를 하는 다니엘도, 딱 한 번의 외도로 아내에게 쫓겨나는 로버트도, 자신을 음악으로 이끈 피터에 대한 걱정과 남편의 외도를 도저히 용서할 수 없는 줄리엣도 현실에서는 모두 나약하기 그지없는 존재들이다. 그들에게 현실은 음악처럼 명확한 해석을 내릴 수도 없고 지시어는커녕 악보조차 존재하지 않는 낯설고 두려운 곳이다. 오직 스스로를 믿고 서로를 견디는 도리밖에 없다. 물론 견디거나 말거나, 그것은 각자의 자유다. 정답은 아무도 모른다. 어쩌면 정답은, 없다.

— 최근에 밑줄을 그은 문장이 있었어.

— 무슨 문장이었는데?

— 때로 인생은 '무언가를 계획하는 사이에 일어나는 다른 사건'[1]이라는 말, 멋있지 않아? 그 대목을 읽는데 정신이 번쩍 나더라니까.

대단한 발견이라도 한 양 신이 난 표정의 그 앞에서 나는 고개를 끄덕였다. 생각해보면, 십 년 전의 나도 지금의 나를 상상조차 하지 못했다. 십 년 전의 나는 아무 계획도 없는 것이 유일한 계획이었다.

---

1) 호시노 미치오, 『나는 알래스카에서 죽었다』, 다반, 2012.

— 당신이 세운 삶의 계획은 뭐였어? 바이올린 연주자가 되는 거 말고.

나는 물었다. 그는 한참 머리를 긁적였다.

— 아버지가 철물점을 하셔. 한때는 그 철물점을 이어받고 싶었어.

— 포기한 이유는?

— 포기하지 않았어. 언젠가는 철물점 아저씨가 되는 게 여전히 내 꿈이야.

그 계획이 꼭 실현됐으면 좋겠다고 생각했다. 처음부터 다시 연주를 하든, 중단된 곳에서 다시 시작을 하든, 아니면 어디쯤 거슬러가 다시 연주를 하든, 정답은 없으니까. 바이올린을 연주하는 철물점 아저씨는 정말 멋질 거 같았다.

거짓이 진실이 되는 순간

〈더 헌트 The Hunt〉 (2012)

— 얼마 전에 짧은 글을 쓰다가 오래된 잘못이 떠올랐어.

— 무슨 잘못?

— 나무라거나 비난하지 않을 거라고 약속해.

— 약속할게.

그와 나는 손가락을 걸었다. 유치했지만 그렇게라도 하지 않고는 입 밖으로 꺼낼 용기가 나지 않는 일이었다. 오래된 일이었고 딱 한 번이었지만 그 일이 생각날 때마다 나는 부끄러웠다. 고백하자면, 나는 내 죄의식을 조금이라도 덜고 싶었던 것 같다. 상대가 누구든, 이제 괜찮다는 말이 듣고 싶었다. 아니, 괜찮을 수 없는 일이었지만 적어도 내 반성을 누군가가 알아주길 바랐다.

초등학교 때 나는 누군가를 몹시 괴롭혔다. 말수가 적고 행동이

느린 내 짝이었다. 설명하기 어려운 이유로 그 애가 곁에 앉아 있다는 사실이 나를 견딜 수 없게 했다. 틈만 나면 그 아이의 팔을 꼬집고 발을 밟고 책상 구석으로 몰았다. 내가 생각할 수 있는 최고의 폭력을 그 아이에게 휘두른 거였다.

— 그런데 갠 가만있었어?

그가 참지 못하고 끼어들었다. 나는 고개를 끄덕였다. 어쩌면 그게 내가 지속적으로 폭력을 휘두른 가장 큰 이유였다. 아프다는 말도 하지 않고 묵묵히 폭력을 감당하는 존재라는 것이 내 행동을 더욱 부추겼다. 그러니까 나는 퍽 잔인한 초등학생이었던 거다. 내가 꼬집을 때마다 울기만 하던 그 애가 아직도 떠오르는 걸 보면, 나는 그때 내 행동이 분명 잘못됐다는 걸 알고 있었다. 결국 내 폭력의 시대는 그 아이의 엄마가 학교를 찾아오는 날로 막을 내렸다. 이상하게도 담임은 나를 나무라는 대신 그 아이를 내 곁에서 떼어놨다. 그냥 그걸로 끝이었다.

— 나는 걔 엄마가 담임을 만나는 동안 화장실에 숨어서 울고 있었어.

그가 푸하,하고 웃음을 터트렸다.

— 자기 잘못이 뭔지는 알았던 모양이네.

— 아니야, 내가 정말 부끄러운 게 그 부분이야. 난 그때까지도 전혀 반성하고 있지 않았어.

— 그럼 왜 울었는데?

— 두려워서. 그리고 두려워하는 나한테 화가 나서.

그는 의자에 깊숙이 앉아 테이블 위에 두 손을 올려놓은 채 나를 빤히 바라봤다.

작은 마을에 비밀이란 없다. 같은 마을에서 자란 그들은 아주 어렸을 때부터 서로의 사정을 속속들이 알았다. 그래서 형제처럼 언제나 서로의 안부를 챙기고 도움이 필요할 때마다 어디든 달려간다. 남자 또한 그것을 당연한 것으로 여기는 평범하고 선한 사람이다. 어느 날 마트에서 장을 보고 나온 남자는 길가에 멍하게 서 있는 한 아이를 발견한다. 친구의 딸 클라라다. 남자는 묻는다.

"왜 그러고 서 있니?"

클라라는 예의 멍한 표정으로 대답한다.

"길을 잃었어요."

남자는 보도블록의 갈라진 틈 밟기를 꺼려 하는 클라라를 위해 일부러 보도블록이 없는 길로 멀리 돌아 집으로 데려간다. 이 장면은 희미하지만 두 가지 정보를 제공한다. 남자의 섬세하고 배려심 많은 성격과 부모도 알아채지 못한 클라라의 불안정한 심리. 남자는 마을의 유치원에서 근무하는 교사였고 클라라는 부모의 불화에 오랫동안 노출된 소녀다. 거기에다 영화 전반에 걸쳐 여러 번 타인의 입을 통해 묘사되는 사실에 의하면 클라라는 '상상력이 풍부한' 어린 아이이다.

그런 이력이 있는 클라라가 보기에 남자는 자신이 가진 두려움을 존중하고 배려할 줄 하는, 아빠와는 전혀 다른 남자였다. 어린 클라라는 남자에게 이성적인 감정을 느낀다. 나이 차가 많이 나는 오빠를 통해 폭력적인 '성性'에 대해 알게 된 즈음이었다. 그러나 클라라가 본 것이 무엇이었는지 보여준 오빠도, 한 집에 사는 부모도 끝내 알지 못한다. 감독은 교묘하게 무엇인지도 모르고 알게 되는 사실이 얼마나 위험한 일인지에 대해 우리에게 말한다.

영화의 안팎이 온통 상처 준 사람은 없고 상처받은 사람들투성이다. 사랑을 고백했다 거절당해 상처받은 클라라는 복수를 꿈꾼다. 자신이 받은 상처를 감당하기 위해 소녀가 벌이는 복수의 형태는 어린아이의 행동이라고 하기에 너무나 대담하고 폭력적이다. 물론 소녀는 자신이 하는 말과 행동의 의미를 스스로도 잘 알지 못한다. 다만 보고 들은 대로, 자신이 받은 상처만큼 되돌려주고 싶었던 것뿐이다. 모든 일의 처음이 그렇듯, 이 영화 또한 그와 같은 복수극에서 시작된다.

종종 무엇인가를 믿기로 결정하면 더 이상 비판이나 회의하지 않는 어른들을 본다. 어쩌면 그건 자신의 믿음이 진실이라는 어리석음에 근거하는 것이면서 스스로에게 내재된 가학성을 인정하지 않는 오만에서 비롯되는 것일지도 모른다. 그래서 마을 사람들은 어린 클라라의 말을 의심하지 않는다. 아이는 절대 거짓말 따위를 하지 않으리라는 근거 없는 믿음 때문이다. 그리고 자신들의 믿음이 틀린 것이라는 사실이 밝혀진 후에도 누구도 반성하거나 사과하는 사람은 없다. 그것이야말로 우리가 무수히 되풀이하는 가장 큰 잘못이다.

누구의 말도 들으려 하지 않고 오직 자신이 진실이라고 믿는 사람들을 볼 때마다 나는 두렵다. 그게 나의 아직 오지 않은 미래이거나 이미 내 모습일지도 모른다는 자각 때문이다. 거울 속에 보이는 내 모습과 누군가의 눈에 비친 내 모습이 같다고 착각하는 순간부터 늙는 것이라고 말하던 선배의 말이 떠올랐다. 나이를 먹어가는 건 이래저래 두려운 일이지만 그중에서 가장 두려운 게 완고한 어른으로 늙어가는 일이었다.

— 그때 누군가가 나에게 그건 잘못된 일이라고 말해줬더라면 사정은 좀 달라졌을까.

나는 그에게 물었다.

— 이미 알고 있었다면서. 당신이 한 잘못에 대해.

— 하지만 나는 그 아이에게 끝내 사과하지 않았어. 아무도 그 일에 대해 더 이상 말하지 않았거든. 그래서 나도 그 당시에는 내가 크게 잘못하지 않아서일 거라고 생각했던 거 같아. 그게 이렇게 나를 오랫동안 괴롭힐 줄 몰랐어.

— 어쩌면 어른들은 네 스스로가 그 잘못에 대해 알길 바란 걸 수도 있어.

— 혹은, 별일 아니라고 생각했겠지. 나는 늘 희미한 존재였으니까.

— 지나친 자기 비하 아니야?

— …… 어쩌면 클라라도 그런 생각을 했을 거야. 거짓 고백을 한 뒤 그 가족들이 얼마나 달라졌는지, 당신도 봤잖아.

클라라가 거짓 고백을 입 밖으로 꺼내는 순간부터 남자는 이미 진위 여부와 상관없이 용서받기 어려운 파렴치범이 된다. 이제 주변 사람들은 진실 그 자체가 중요한 것이 아니라 자신이 믿는 그것을 온전한 진실로 만드는 일이 더 중요해진다. 그것은 유치원의 원장도, 클라라의 부모도, 한때 남자의 친구였던 마을 사람들도 모두 마찬가지다. 마을 공동체의 일원이라고 생각했던 남자는 삽시간에 공공의 적이 되었다. 아무도 선동하는 사람은 없었지만 마을 사람들은 윤리와 도덕이라는 구심점을 향해 똘똘 뭉치고 다분히 문제적이었던 클라라의 가정도 단단하게 결속하기에 이른다. 그들은 이제 진실의 여부를 밝히는 것보다 '순수한 어린아이'를 통해 흘러나온 고백에 집중한다. 누구도 더 이상 남자의 말을 들으려 하지 않고 자신의 판단에 대해 의심하지 않는다. 응징만이 남았을 뿐이다. 마을 어른들은 자신의 아이들을 부드럽게 다그치며 새로운 고백을 강요한다. 자신들의 믿음을 더 견고하게 만들 근거가 필요했기 때문이다. 그리하여 남자의 추행에 대해 증언하는 아이들이 하나 둘 늘어나기 시작한다. 이런 상황에서 뒤늦게 자신의 고백이 거짓이었음을 밝히는 클라라에게 그녀의 엄마는 오히려 클라라가 고백한 사실을 상처로 인해 생긴 환상이라고 치부한다. 자신들의 행동을 합리화하려면 그 수밖에 없는 것이다.

"얘야, 그건 네 무의식이 네 스스로를 보호하기 위해 만든 환상이란다."

진실이 거짓이 되고 거짓이 진실이 되는 순간들은 어디서나 목도된다. 또한 거짓이 된 진실을 밝히기 위해서는 언제나 대가가 필요하다. 그 대가는 늘 잔인하고 가혹한 상처가 되어 영영 지워지지 않는다. 천신만고 끝에 남자는 누명을 벗었지만 이미 그에게 찍힌 낙인은 지워지지 않는다. 그는 한때 사냥을 했던 자이지만 이제 사냥을

당하는 자로 전락한다. 그것이 공동체의 불문율이고 어른들이 만든 세계의 전통이다. 또한 진실이 거짓이 되고 거짓이 진실이 되는 것도 한순간이다. 우리는 언제라도 '역광 속의 사냥꾼'이 되거나 그 사냥꾼에 의해 쓰러질 수 있다는 걸 잊지 말아야 한다.

얼마간의 시간이 흐른 뒤 그가 나에게 물었다. 그때 왜 그런 행동을 했었는지 생각해본 적 있었느냐고. 나는 솔직하게 대답했다.

— 내가 화가 나 있다는 걸 누군가 알아주길 바랐던 거 같아.

나는 내가 어린 시절에 휘둘렀던 폭력의 원인이나 기원에 대해 오랫동안 생각했다. 물론 그건 그 일로부터 많은 세월이 지난 뒤였다. 그러니까 분명했던 기억들이 희미해질 무렵에 이르러서야 나는 어렴풋하게나마 그 모든 일이 어디서 비롯된 것인지 알 것 같았다. 물론 내 행동을 합리화하거나 미화할 생각은 없었다. 내 잘못과 그로 인한 부끄러움을 솔직하게 인정하고 싶을 뿐이었다.

그는 '지나간 일'이라고 말했다. 그러나 그도, 나도 지나간 일이 삐뚤어지거나 은폐된 채로 지금의 우리 내부 어딘가를 이루고 있다는 걸 안다. 중요한 건 그걸 인정하는 일이다. 못생긴 나를 인정하기 위해 비록 오랜 시간이 걸렸지만 이제는 어제보다 아주 조금 나은 사람이 된 것 같았다. 그가 못생겨도 괜찮다고 말했을 때는 정말 괜찮아진 것 같기도 했다. 달이 기우는 밤이었다.

불안은 쉽게 전염된다

〈테이크 쉘터 Take Shelter〉(2011)

좋은 영화란 무엇인가. 이 영화를 보고 내가 스스로에게 한 질문은 그것이었다. 왜 좋은 영화와 재미있는 영화는 종종 각각 다르게 구별되는 것인지. 왜 우리는 '좋다'와 '재밌다'는, 지극히 주관적인 감정을 공유하려고 애쓰는 것일까. 이 글을 쓰고 있는 지금도 나는 그 질문에 대해 명확한 답을 제시할 수 없다. 다만 우리가 죽음에 이를 때까지 이 세계－그것이 '나'라는 존재의 내부의 일이든 외부의 일이든－에서 벗어날 수 없고, 벗어날 수 없는 세계에 대한 다양한 해석만이 우리를 어떤 식으로든 지탱하게 할 것이라고 믿을 뿐이다. 그것이 불안이든 우울이든 기쁨이든, 그 해석이 우리를 행동하게 하고 나갈 곳을 설정하게 한다. 그와 같은 다양성이 이 시대의 우리가 우리에게 할 수 있는 유일한 변명이다.

이 영화는 불안에 대한 해석이다. 개인의 이야기이지만 우리들도 이 이야기에서 자유로울 수 없다. 결국 이 사내는 끊임없이 자화상을 그리는 것을 통해 스스로를 확인하고 있는 것인지도 모르겠다. 그렇다면 과연 좋은 자화상이란 표현은 가능한 것일까.

비가 내린다. 남자는 자신을 향해 몰려오는 거대한 비구름과 자신의 손등에 떨어지는 빗방울을 본다. 빗방울은 마치 황사의 끝에 내리는 비처럼 탁하고 거대한 구름은 어딘가 불길하다. 이러한 도입부에 대해 관객은 어떤 의심도 없다. 도입부의 장면들은 이야기 전개에 필요한 정보를 제공한다는 사실 때문이기도 하지만 이제 막 시작한 이야기가 어디로 향하든 그것은 남자의 눈에 보이는 현실에서 시작된다는 것을 우리가 알기 때문이다. 그렇다면 과연 남자의 머리 위로 내리는 비와 멀리서 밀려오는 폭풍우는 이 영화에서 어떤 의미를 갖는 것일까. 이 영화는 자연의 대재앙을 경고하는 재난 영화일까, 재난에 대처하는 한 개인의 삶에 초점을 맞춘 영화일까.

굴착 공사 현장에서 작업반장으로 일하는 남자는 딸을 둔 가장이다. 갑자기 청각 장애가 생긴 딸 해나에 대한 걱정 이외에 이 가족은 별 문제가 없어 보인다. 적어도 다른 사람들의 눈에 이들은 '잘 살고 있'는 사람들이다. 이 가족에게 꿈이 있다면 딸의 장애를 치료하는 것과 해마다 그랬던 것처럼 올 휴가도 바닷가에서 보내는 것이다. 적어도 남자가 주기적으로 악몽을 꾸기 전까지, 그들은 분명 평범하고 행복한 가족이었다. 그런데 어느 날부턴가 남자는 밤마다 악몽에 시달리기 시작한다. 게다가 그 악몽은 반복되며 더 끔찍한 쪽으로 심화되어 급기야 남자의 일상을 장악하기에 이른다. 개에게 물린 고통이 꿈에서 깨어난 이후에도 지속된다든지 환청이나 환각이 심해지는 건 그 꿈들이 단순한 악몽은 아니라는 의미다. 남자는 정신분열증을 앓던 자신의 모친이 처음 발작을 시작했던 게 자신과 같은 삼십 대 중반이었다는 사실을 떠올린다. 남자는 점점 두려워지기 시작한다. 지나가는 폭풍이라 여겼던 지평선의 구름도 날이 갈수록 한층 더 세력을 확장하고 일터에서 만난 새떼는 마치 위험을 감지한 벌떼처럼 하늘을 뒤덮는다.

그런데 이상하게 세상은 너무나 조용하다. 기상 이변이나 천재지변에 대해 경고하는 사람도, 구름을 보고 불안해 하는 사람도 없다. 거대한 구름이 저렇게 다가오고 있는데 세상은 어제와 달라진 것이 하나도 없다. 그렇다면 남자가 본 것은 환각인가, 아니면 누구도 알아채지 못하는 진짜 사실인가. 이 영화는 끝내 그것에 대해 명쾌한 해답을 제시하지 않는다. 한 개인의 불안이 그의 삶을 어떻게 파괴해 가는지를 보여줄 뿐이다.

그거 알아? 세계 전체 인구의 90%가 정신병증을 가시고 있다는 사실 말이야.

— 그건 좀 과장된 거 아닐까? 절반도 아니고……. 90%면 거의 모든 사람들이 그렇다는 거잖아.

— 가시적으로 드러나는 병력이 아니라 병증을 가지고 있는 걸 말하는 거겠지. 넓은 의미에서 보자면, 가능한 통계인 거 같기도 해. 다들 조금씩 어딘가 아프잖아.

통계에 절대적인 믿음을 가지고 있는 그의 어조는 확신에 차 있었다.

— 그럼 당신은 어디가 아픈데?

— 자가 진단을 할 수 있을 정도면 병이 꽤 깊은 거야. 대부분 자각 없는 병력을 한두 개씩은 가지고 있다는 거지. 그런 거랑 비슷한 거야.

— 사는 데 문제가 없으면 괜찮은 건가?

— 문제없는 삶이 있을까?

수면제를 처방받기 위해 들른 병원에서 의사는 남자가 털어놓은 증상을 듣고 그에게 묻는다. 최근 어머니와 대화를 나눠본 적이 있느냐고 말이다. 의사도 남자와 마찬가지로 가족력을 의심하는 것이다. 남자에게는 열 살인 자신을 마트 주차장에 버리고 사라져서 평생 집으로 돌아오지 못한 어머니에 대한 원망과 두려움이 있다. 아버지에 의해 수용소로 보내진 뒤 한 번도 보지 못했던 어머니지만 어쨌든 남자는 자신도 어머니와 같은 정신병에 노출될지도 모른다는 불안을 떨칠 수 없다. 그러니 마냥 폭풍의 실체에 대한 진위 여부를 따지고 있을 수만은 없다. 남자는 마침내 오래 닫혀 있던 마당의 방공호를 연다. 그것이 자신 내부의 문제이든 아니면 객관적 사실로 존재하는 자연재해이든 분명한 건 어떤 일이 있어도 자신의 가족들을 지켜야 한다는 것이다. 더 이상의 대출은 파산의 위험이 있다는 은행 직원의 만류에도 불구하고 대출을 받아 방공호를 수리하는 비용으로 쓰고 정신병 관련 서적들을 통해 자신의 상태를 점검하려 노력하는 것도 그 때문이다. 남자는 이중의 불안에 시달린다. 지켜야 할 가족이 있는, 가장이기 때문이다.

— 아주 오래전에 내가 살던 동네에 미친년이라고 불리는 사람이 있었어.

— 이름이 미친년이야?

— 이름을 제대로 아는 사람이 없었던 거지. 그냥 미친년이 그 여자의 이름이었어.

— 꽤나 폭력적인 이름이네.

— 동네 사람들은 걸핏하면 그 집 창문에 돌을 던지고 대문에 오줌을 갈기곤 했지.

— 그 미친년이 무슨 짓을 했는데?

— 무슨 짓을 했는지도 몰라. 어느 날부터 미친년이라는 소문이 퍼졌을 뿐이야.

— 소문만으로 그런 짓을 한 건 좀 심했다.

— 이상했던 건 그 집에 사는 사람들이 아무런 반응도 하지 않고 철저히 침묵으로 일관했다는 거야.

— 그래서 어떻게 됐는데?

— 어느 날 갑자기 사라져버렸어. 그 집 식구들 모두. 생각해보면 우리가 쫓아낸 거나 다름없었어.

생각해보면 소문만 무성했을 뿐 아무도 그 미친년이 미친년처럼 행동하는 걸 본 사람은 없었다. 실제로 나 또한 열린 대문을 통해 얼핏 본 적이 있을 뿐이었다. 그런데 창백한 그녀와 눈이 마주쳤을 때 왜 나는 그렇게 놀라고 무서웠을까. 우리는 왜 그들을 그렇게 미워했을까.

— …… 최악의 결말이네.

혼잣말처럼 그가 중얼거렸다.

언젠가 엄마에게 그 이유를 물어본 적이 있었다. 엄마는 귀신이 씌었다는 소문 때문이었다고 했다. 너무 어이없는 그 말에 나는 묻지 않을 수가 없었다.

— 그런 말을 어떻게 믿을 수가 있어?

— 그땐 뭐든 믿었던 시절이야. 먹고살기 힘들면 머리도 잘 안 돌아간다니까. 그리고 얘, 귀신이라잖니. 부적도 붙이고 그랬었지.

— 그 얘긴 어디서 들었는데?

— 모르지. 나도 그냥 들은 얘기였으니까.

— 그런데 그걸 그냥 믿었다고?

— 다른 것도 아니고 귀신이라는데……. 그때 세상에서 제일 무서운 게 호환마마였어.

— 지금도 그런 걸 믿어?

— 요즘 세상에 귀신이 어딨니.

엄마와의 대화는 늘 뒤죽박죽 논리가 없었다. 그때 있던 귀신이 지금은 없다고 믿는 엄마가 신기했다. 그러다가 늘 엄마와 대화의 끝은 너도 늙어 봐라,였다.

남자가 정신과 치료를 포기한 이유는 엄청난 치료비 때문이기도 했지만 무엇보다 스스로를 통제할 수 없을지도 모른다는 두려움 때문이었다. 그러니까 남자가 진짜 두려워하는 것은 어쩌면 폭풍이 아니라 폭풍으로부터 가족을 지킬 수 없을지도 모른다는 사실에 대한 두려움이다. 그런 남자에게 해고 통보는 사형 선고만큼이나 절망적인 것이었다. 자칫 발을 잘못 디디면 바로 추락해버리는 이 시대에서 남자의 삶은 점점 더 위태로워진다. 아무리 세상의 종말이 다가오고 있다고 절규해 봐도 그의 말에 귀를 기울이는 사람은 아무도 없다. 그에게 남은 것이라고는 가족과 미치광이라는 낙인뿐이다. 사면초가에 빠진 남자를 지켜보던 아내는 이제 마냥 상황이 나아지기만 기다리고 있을 수 없다는 걸 깨닫는다.

물론 나는 영화 속 남자의 아내가 감당해야 할 삶의 무게에 대해 단언할 수 없다. 경험해 보지 않은 사실을 아는 척하기에 너무 철이 들어버렸으니까. 그러나 사랑으로 시작한 삶이 마냥 좋기만 한 것은 아니라는 사실에 대해서는 단언할 수 있다. 두근거리고 행복한 삶도 삶이고, 슬프고 고통스러운 삶도 삶이다. 사랑으로 시작한 삶에서 가장 경계해야 할 것은 어떤 감정도 남아 있지 않게 되는 어떤 순간이다. 영화 속 남자의 아내도 그걸 아는 것 같았다. 그녀가 이상행동을 하는 남편 곁에 끝까지 남으려는 건 사랑으로 시작한 삶을 지키기 위해서인 것처럼 보였다.

남자는 결국 입원을 하게 된다. 의사가 그에게 '가족과 떨어져 지낼 것'을 충고했기 때문이다. 남자의 입원은 남자가 더 이상 가족을 지킬 수 없게 됨을 의미한다. 그것은 절망인 동시에 자유에 대한 선고였을까. 카메라는 남자의 안도와 불안이 뒤섞인 표정을 오래 비춘다. 그리고 그들은 다음을 기약할 수 없는 늦은 휴가를 떠난다. 그들 외에는 아무도 없는 바닷가. 바람이 불고 사방은 어둑어둑하다. 그곳에서 다시 거대한 폭풍을 예감하는 것은 다름 아닌 아내와 딸이다. 딸 해나는 수화로 남자에게 말한다. '폭풍우'라고.

— 당신은 그런 상황이라면 어떻게 하겠어?

그가 물었다. 쉽게 대답하기 어려운 질문이었다. 오래 고민한 끝에 나는 사랑으로 극복하겠다고 말했다. 그가 푸하, 하고 웃음을 터트렸다.

— 진심이 아니지?

— 다들 그렇게 말하지 않을까.

— 인생에는 정답이 없다는 말이 괜히 나온 말인 거 같아? 다들 하는 말을 따라 하는 건 의미가 없어.

— 난 정말 그렇게 생각해. 사랑의 뒤쪽까지 감수할 수 있는 정도는 돼야 사랑이라고 할 수 있다고.

— 이런 영화를 보면서도 사랑을 읽다니.

그가 재밌다는 듯 말했다.

나는 그때 사랑을 읽은 게 아니라 사랑이 책임져야 할 것들에 대한 얘기를 하고 싶었다. 영화 속 남자의 불안도 결국 개인의 사랑이 야기하는 문제들 – 책임과 의무 – 과 시대적 상황 – 제도와 경제 구조 – 의 갈등에서 비롯된 것이라고 생각했기 때문이다. 그러나 한편으로 더 이상 아무 말도 덧붙이고 싶지 않기도 했다. 결국 해석은 같아지는 순간 의미 없는 것이 되어버리니까.

우리가 행복하든 행복하지 않든 불안은 쉽게 전염된다. 그리고 지금 어디선가 날아가는 나비의 날개 끝에서 다시 거대하고 위협적인 폭풍우가 시작되고 있을지도, 모를 일이다.

파국의 이미지로 가득한 생

〈멜랑콜리아 Melancholia〉(2011)

"우울은 사랑이 지닌 결함이다."

앤드류 솔로몬의 『한낮의 우울』은 이렇게 시작한다. 나는 그 문장을 오래 생각했다. 눈 뜨는 것조차 두렵던 시간이 있었다. 창을 통해 쏟아지는 아침 햇빛과 햇빛에 부풀어오르는 잎사귀들이 끔찍하게 여겨지던 나날이었다. 아무것도 할 수가 없었다. 모든 것이 무의미하게 여겨질 뿐이었다. 그저 아무 생각 없이 해가 뜨고 해가 지고 밤이 오고 밤이 가는 걸 지켜봤다. 우울증이라고 했다. 그렇군. 나는 고개를 끄덕였지만 그것이 뭔지조차 알고 싶지 않았다. 다만 나쁜 감정일수록 전염되기 쉽다는 걸 알 뿐이었다. 나로 인해 주변 사람들이 우울해질까 봐 겁이 났다. 그 정도의 생각을 할 수 있으면 그래도 괜찮은 거라고 누군가 나를 위로해주었지만 그것조차 별 의미는 없었다. 이따금씩 뭔가 내부에서 허물어지는 소리가 들렸다. 내가 만든 세상이 무너지고 있었다.

— 그런데 이런 영화를 봐도 괜찮겠어?

내 얘기를 들은 그가 걱정스럽다는 듯이 물었다. 나는 고개를 끄덕였다. 옛날 얘기였다. 물론 잠재적으로 내 안에 여전히 우울이 남아 있겠지만 그건 산 자들이 감당해야 하는 어쩔 수 없는 삶의 조건들 중 하나라 생각한다. 인정하기 쉽지 않았지만 결국 나는 그걸 인정했다. 우리는 유한하고 시간은 흘러가고 지나간 날들은 되풀이되지 않는다는, 너무나 당연한 사실을 다시 알게 되기까지 많은 시간이 걸렸을 뿐이다.

이 영화는 크게 에필로그와 각각 자매인 저스틴과 클레어의 이야기로 구분된다.

1부는 두 자매 중 동생인 저스틴의 얘기다. 오솔길에서 리무진이 멈춰 선다. 리무진은 좁은 길을 다니기에는 지나치게 큰 차였다. 할 수 없이 갓 결혼식을 마친 신랑과 신부는 예복을 입은 채 시골길을 걸어 피로연장으로 향한다. 예정된 시간에서 두 시간이나 지나 겨우 피로연이 열리는 저택에 도착한 저스틴에게 언니인 클레어가 묻는다.

“이게 정말 네가 원하는 게 맞아?”

저스틴은 망설이지 않고 웃으며 고개를 끄덕인다.

"물론이야."

이혼한 부모가 각각 다른 배우자들과 함께 저스틴을 기다리고 있다. 즐겁고 행복한 피로연처럼 보이지만 핸드헬드 카메라 표현 기법 때문인지 영화는 내내 아슬아슬하고 불편하다. 게다가 다들 즐거운 표정 뒤에 감춘 불안감이 관객을 점점 더 불편하게 만든다. 신부인 저스틴도 극도로 불안한 심리 상태를 더 이상 감추지 못하고 언니인 클레어는 어떻게든 저스틴을 안정시키려 애쓰지만 결국 피로연은 파국으로 끝난다. 신랑인 마이클마저 자신에게 몸과 마음을 열지 않는 저스틴을 떠나버리고 저스틴은 혼자 남는다.

클레어는 저스틴에게 말한다.

"난 네가 가끔 정말 미워."

— 참 불편한 영화야. 저 핸드헬드 기법을 포기하지 않는 이유가 아마 그걸 의도했기 때문이겠지만.

그가 투덜거렸다. 그의 말이 맞다. 어디선가 이 영화의 감독이 우울증으로 평생 고통받고 있다는 고백을 읽은 적이 있다. 인물들 중 누구도 세상은 안전하지 않고 불안정하고 불편한 곳이라는 말을 하지 않지만 흔들리는 화면을 보고 있노라면 그런 생각을 지울 수 없다.

"우울은 사랑이 지닌 결함이다."

앤드류 솔로몬의 『한낮의 우울』은 이렇게 시작한다.

나는 그 문장을 오래 생각했다. 눈 뜨는 것조차 두렵던 시간이 있었다.

창을 통해 쏟아지는 아침 햇빛과 햇빛에 부풀어오르는 잎사귀들이

끔찍하게 여겨지던 나날이었다.

아무것도 할 수가 없었다. 모든 것이 무의미하게 여겨질 뿐이었다.

그저 아무 생각 없이 해가 뜨고 해가 지고 밤이 오고 밤이 가는 걸 지켜봤다.

우울증이라고 했다.

— 그러게 말이야. 이렇게 한결같이 냉소적이고 회의적이기도 참 쉽지 않을 텐데. 그래서 다시는 보지 말아야지 하면서도 또 그 불편함이 주는 묘한 카타르시스 같은 게 있기도 해. 아마 그래서겠지. 신작이 나오면 어떻게든 찾아보게 되는 건.

나도 그의 말에 맞장구를 쳤다. 라스 폰 트리에의 영화는 감동을 강요하지 않는다. 오히려 감동적이거나 낭만적인 것들에 대해 냉소로 일관하는 쪽이다. 인간의 삶에 대해 얘기하면서도 휴머니티라는 요소를 철저히 배제하는 사람의 영화는 불편하지만 가끔 신선하게 여겨지기도 한다. 아마 도처에서 힐링이며 멘토를 강요하고, 강요받는 시대의 역설이리라.

저스틴은 다시 클레어에게로 돌아온다. 이미 그녀는 우울증에 수반되는 지독한 무기력으로 인해 사회에서 고립된 상태다. 세수를 하거나 밥을 먹기는커녕 걷는 것조차 할 수 없다. 그 모든 것에서 어떤 의미도 찾을 수 없는 것이다. 그런 그녀가 다시 입을 연 건 전갈자리에서 빠져나온 1등급 별이 지구로 다가오고 있다는 얘기를 듣고 난 후다. 점점 다가오는 멜랑콜리아 행성에 대해 불안함을 감추지 못하는 클레어에게 저스틴은 말한다.

"생명을 가진 모든 것들은 사악해."

2부는 모든 것을 잃을지도 모른다는 공포에 사로잡힌 클레어의 이야기이다. 어느 날 갑자기 불쑥 나타난 행성 '멜랑콜리아'는 클레어의 평화로운 일상을 엉망으로 만든다. 저스틴의 파국이 존재의 내적 요건에 의한 것이었다면 클레어의 파국은 존재가 어찌할 수 없는 절대적 외부 요인에서 발생한다. 이 세계 전체가 위험해질 거라는 사실에 클레어는 절망한다. 반면에 과학을 맹신하는 남편은 그런 클레어의 불안을 위로하기 위해 애쓴다. 멜랑콜리아 행성은 자신의 삶과는 전혀 무관한 일로 끝나고 말 거라고 말이다. 남편이 판단하기에 시시각각 지구로 다가오는 멜랑콜리아는 위대하고 장엄한 볼거리일 뿐이다. 과학자들의 계산에 따르면 그 행성은 지구로 근접했다가 다시 멀어질 것이 분명하므로 남편에게는 지금 이 시간이 그저 '축제의 시간'이다. 낮에도 지지 않는 달이 뜨는, 일생일대의 시간인 것이다.

그러나 과학자들의 예측이 틀렸다. 멀어졌던 멜랑콜리아 행성은 궤도를 바꿔 다시 지구로 다가온다. 클레어가 두려워했던 대로 그들이 피할 곳은 세상 어디에도 없다. 세상이 통째로 사라져버리는 것이기 때문이다. 마을로부터 동떨어진 지대에 남은 그들이 할 수 있는 일은 이제 각각 죽음을 맞이하는 방법에 대해 선택하는 것뿐이다.

— 프롤로그는 정말 멋있었어. 따로 봐도 좋을 만큼.

그가 말했다.

그가 말한 프롤로그는 일반적으로 극의 맨 앞에서 전체 내용을 요약하거나 암시하는 내용으로 이루어지는 연극에서 출발한 형식이다. 이런 형식은 고대에서부터 시작되어 현대까지 널리 사용되는 극적 기법으로, 작품에 대한 몰입 효과를 높이고 그 자체가 독자적 미적 형식을 갖기에 이르렀다. 그가 탄복한 이 영화의 프롤로그 또한 작품 전체가 갖는 의미를 상징적이고 탐미적인 영상으로 보여준다. 피터 브뤼겔이나 밀레이, 마그리트 등의 회화를 연상시키는 장면들을 보면서 우울이 이렇게 아름답게 표현되는 것이 과연 가능한 것인지 생각했다.

영화 전면에 흐르는 바그너의 〈트리스탄과 이졸데〉 서곡도 그렇거니와 슬로 모션으로 지나가는 도입부의 영상들은 환상과 몽환을 오고간다. 행성과 행성의 조우, 존 에버렛 밀레이의 그림인 「오필리아의 죽음」을 연상시키는 물 위의 저스틴은 '아름답다'라는 말로밖에 표현할 수 없을 지경이다. 동시에 그 영상들은 슬프다. 그렇다면 슬픈 것은 아름다운 것일까. 아니면 아름다운 것은 슬픈 것일까. 그 둘은 결국 같은 것일까. 어느 맑은 날 아침, 잠에서 깨어나며 문득 나는 궁금해졌다.

— 난 가끔 우울해지면 아버지 가게에 가서 한참 앉아 있다 오곤 해.

그가 말했다.

— 당신도 우울증의 경험이 있어?

— 증症이라고까지 할 상황은 아니지만 나도 때로 우울하지. 사는 게 피곤하기도 하고.

— 거기 가면 좀 안정이 돼?

— 고장 난 수도꼭지나 라디오, 텔레비전 뭐 이런 것들 속에 앉아 있으면 옛날 생각도 나고 마음이 편해져. 아버진 옆에서 동네 할아버지들과 바둑을 두고 난 가끔 손님들에게 전구나 못 같은 걸 팔고.

— 괜히 철물점 아저씨가 되고 싶은 게 아니었구나.

— 얼마 전에 우연히 창고로 들어가다가 뭔가를 발견했어. 그런 게 아직도 있다는 게 신기했지. 지금은 창고로 쓰지만 옛날엔 거기서 아버지가 낮잠도 주무시곤 했었거든. 그 창고 문틀에 빗금들이 아직도 남아 있는 거야. 아주 어렸을 때부터 아버지가 내 키를 표시해 놓은 금들. 그걸 보고 있자니까 기분이 이상해지더라고.

그는 나에게 핸드폰을 꺼내 사진을 보여주었다. 나는 여러 개의 빗금이 층층이 그어진 사진을 한참 들여다보았다. 그리고 진심으로 말해주었다.

— 세상에서 유일하고 분명한 나이테 같아. 예쁘다.

포기하지 말아요

〈체인질링 Changeling〉 (2008)

"다들 해피 엔딩을 좋아하죠."

〈체인질링〉에서 등장하는 대사다. 그렇다. 우리는 늘 행복한 결말을 꿈꾼다. 삶이 계속되는 동안은 결코 알 수 없는 결말에 대한 환상을 버리지 못하는 건 아마 그 꿈조차 삶의 일부이기 때문일 것이다.

— 행복은 주머니에 든 사탕 같다는 생각을 한 적이 있었어.

내 말에 그가 물었다.

— 입안의 사탕이 아니고?

나는 고개를 끄덕였다.

— 먹는 동안에는 좋겠지만 그건 금방 녹아서 없어질 거야. 하지만 주머니 안에 있는 사탕은 녹지 않잖아.

힘들 때마다 주머니 속의 사탕에 대해 생각하며 그 맛을 상상한다. 바삭거리는 포장지 속에 감춰진 달콤한 사탕 한 알. 물론 그건 내가 가지고 있는 것이기는 하지만 아직 완전히 내 것은 아니어서 나를 꿈꾸게 하는 힘을 갖는다. 그게 내 것이라는 꿈. 언젠가는 내 것이 되리라는 꿈.

— 다음에 만나면 사탕을 사줄게. 그러니까 옛날 얘기를 해줄래? 당신이 재밌게 본 영화 얘기나, 뭐 그런 거.

그가 말했다. 나는 그에게 오래전에 봤던 영화 얘기를 꺼냈다.

〈체인질링〉은 1930년대에 일어난 실화A True Story[2)]를 바탕으로 한 영화다. 현대가 종종 드라마나 영화보다 더 극적인 사건을 양산하

---

2) 대부분 실화를 바탕으로 한 영화들의 경우는 'Based On'이라고 쓴다고 한다. 그런데 클린트 이스트우드는 이 영화를 'A True Story'라고 표기함으로써 실화를 통해서 얻어진 메시지를 명확하게 관객에게 전달하고자 한다.

는 시대인 데 비해 그때는 지금보다 덜 자극적이고 보다 더 인간적인 사람들이 살았던 시대라 생각했다. 동화적 의미로서의 '뒤바뀐 아이'라는 제목 또한 이런 내 추측에 한 몫을 했다. 모성과 가족이 소중하지 않았던 시대는 없었지만, 상투적인 모성과 가족애는 더 이상 매력적인 소재가 아니었다.

— 총을 차고 황야를 누비던 배우가 감독이 되어 돌아왔을 때, 나는 좀 걱정했어. 과연 그가 제대로 된 영화를 만들 수 있을까 하고 말이야. 그런데 그때나 지금이나 그는 별로 변하지 않은 기 같아서 다행이야.

젊은 날의 클린트 이스트우드를 기억하는 그가 말했다.

— 늙지 않았다는 말이야?
— 어떤 의미에선 그렇다고 볼 수 있겠지. 그는 여전히 '진실은 무엇인가'에 대한 질문을 하고 있는 사람처럼 보이니까.

그는 질문이 우리를 진화하게 하는 것이라고 말했다. 무엇인가를 묻는 동안에는 해답을 찾기 위해 움식이게 된다는 것이었다.

— 어렵게 찾은 답이 오답일 수도 있어. 또는 오히려 질문 때문에

편견이 생길 수도 있다고.

— 오답을 두려워하기에는 아직 이른 나이잖아. 오답이 두려워서 질문조차 안 하는 게 가장 나빠.

— 톨스토이가 생각나네.

— 그 사람이 왜.

— 인간은 무엇으로 사는가.

— 질문으로 살지.

한 여자(크리스틴)가 아들(월터)을 잃어버렸다. 이혼녀인 그녀가 일을 하러 간 사이 혼자 집을 지키던 아들이 사라져버린 것이다. 경찰에 신고를 했지만 기다리면 돌아올 것이라는 대답뿐이다. 여자는 그 말을 믿으며 기다린다. 경찰이 자신의 아이를 찾아줄 것이다. 경찰은 그런 일을 하는 사람들이니까. 그 믿음에 보답이라도 하듯, 5개월 후 월터를 찾았다는 연락이 온다. 사라졌던 아이가 5개월 만에 돌아오다니. 그건 기적이다. 아니, 기적이라고 생각했다. 마중을 나간 기차역에서 만난 아이가 자신의 아들이 아니라는 걸 알기 전까지 말이다.

경찰이 주장하는 대로 아들이 변한 것일 수도 있다. 한참 성장기의 아이에게 5개월이란 긴 시간이 될 수도 있으니까. 그러나 5개월 사이에 키가 줄고 치아 구조가 바뀌고 자신이 다니던 학교조차 기억하지 못하는 것은 이상하다. 지금은 유전자 검사를 하면 간단하게 해결될 일이지만, 불행히도 그 당시는 심증과 자백과 외양 외에는 달리 검사를 할 방법이 없던 시대였다. 경찰이 보기에 자신들이 찾아준 아이는 여자의 아이가 분명한데, 여자는 자꾸 자신의 아들을 다시 찾아달라고 한다. 게다가 시민운동가 목사와 합세하여 사건을 전면화하려는 기색까지 보인다. 귀찮고 위험한 여자다. 그러나 위험한 남자보다는 한결 쉽게 처리할 수 있는 상대다. 경감은 여자를 관행적인 방법대로 '코드12'로 분류하여 정신병원에 감금한다. 미친 여자의 말은 아무도 듣지 않을 테니까.

증명할 수 없는 상황들을 증명해야 할 경우가 있고 그때마다 우리는 당황한다. 예를 들어 자신을 얼마나 사랑하느냐고 누가 묻는다면, 나는 뭐라고 대답해야 할까. 그냥,이라고밖에 대답할 수 없는 상황을 증명해야 하는 건 언제나 아이러니하고 곤혹스럽다.

5개월 만에 다시 찾은 아이가 내 아이가 아닌 건 그냥 아는 것이다. 반대로 50년 만에 찾은 사람이 내 사람임을 아는 것도 그냥 아는 것이다. 그건 어떤 증명 이전의 증명이고 직관 이전의 직관이다. 그런데 아무도 내 말을 믿어주지 않는다면 과연 나는 어떻게 해야 할까.

결국 정신병원에 감금된 크리스틴은 각서에 서명하기를 요구받는다. 경찰이 찾아준 아이가 자신의 아이임을 인정하고 추후 어떤 소란도 일으키지 않겠다는 내용의 각서다. 그러나 크리스틴은 그 각서에 서명할 수 없다. 경찰이 찾아준 아이는 절대 내 아들이 아니다. 그것을 인정하는 순간, 자신의 진짜 아이가 돌아올 희망은 사라진다. 눈앞의 아이가 자신의 아이가 아니라는 것을 증명하기 위해 여자는 반드시 자신의 진짜 아이를 찾아야 한다. 그 와중에 등장하는 희대의 살인마 고든. 진실은 늘 의외의 장소에서 드러난다. 그러나 그 의외의 장소에서 의외의 모습으로 드러난 진실은 누구의 편도 아니다. 오직 믿고 싶지 않은 진실일 뿐이다.

이 영화는 선과 악의 대립 구조가 분명하다. 영화 후반부는 진실을 파헤치려는 개인과 진실을 덮으려는 집단의 대립 양상으로 치닫는다. 대부분의 권력 구조가 그렇듯 진실을 밝히려는 자들은 무력하고 진실을 덮으려는 이는 권력을 가진 자들이다. 무력한 자들의 유일한 무기는 진실을 찾고자 하는 의지뿐이다.

— 이 세상에 절대적인 가치가 과연 있을까?

— 글쎄, 사랑이 그렇다고 말하고 싶지만 요즘은 그런 말을 하기조차 쉽지 않네.

— 그 절대적인 가치조차 각자의 판단에 따라 달라질 수 있다는 생각이 들어.

— 분명한 건 논리는 움직인다는 거야. 사랑도 움직이는 세상에 논리쯤이야 쉽겠지. 그러니 논리 이전의 세상에 있었던 것들, 그것이야말로 우리가 믿어야 할 진리겠지.

— 결국…… 다시 사랑이네.

— 응, 사랑으로 돌아오네.

어느 광고 문구처럼 꿈이 실현되는 세상에 살고 있는 지금은, 과연 과거와 얼마나 많이 달라진 것일까. 실종된 자를 찾기 위해 유전자 감식을 하고 고대의 동식물을 완벽하게 복원하고 복제하는 기술을 갖게 된 이 세상은 더 이상 부조리와 갈등과 선악의 대립이 존재하지 않는 세상일까. 이 영화는 이와 같은 질문에 대해 '아니다'라고 말한다. 우리는 진보하고 있지만 그다지 진화한 것처럼 보이지 않는다. 신문을 펼치면 영화 속에서 그려지는 온갖 부조리들이 판에 박은 듯 나열되어 있다. 시스템은 발전하지만, 인간이 갖고 있는 본질은 전혀 변하지 않는 것이다. 천 년 전에도 자식을 잃은 어미는 죽을 듯 괴로웠을 것이고, 천 년 후에도 여전히, 그럴 것이다. 그게 인간의 변치 않는 모습이다. 사랑에서 비롯되는 것들은 영영 변하지 않는다. 그래서 때론 기쁘고, 가끔은 슬프다.

크리스틴은 결국 일상으로 복귀한다. 월터는 찾지 못했다. 누군가 묻는다. 그럼에도 불구하고 삶을 지킬 수 있는 힘은 어디서 오는 것이냐고. 크리스틴은 '희망'이라고 대답한다. 그 희망은 막연히 기다리거나 바라는 희망이 아니라 '찾는' 희망이고 '포기하지 않는' 희망이다. 그 포기하지 않는 희망의 시간이 기쁨보다는 고통과 슬픔의 나날이라는 것을 안다. 그럼에도 불구하고 우리가 단념보다는 고통과 슬픔을 선택하는 이유는, 그 희망이 있는 동안에는 살아 있을 수 있기 때문이다. 기다리거나 찾는 것이 아무것도 없다는 것, 그것이야말로 삶에서 가장 고통스럽고 슬프다는 걸 확인하는 건 지금도 여전히 어렵지 않다. 도시 곳곳에서 휘날리는 노란 리본을 보며 우리는 그런 생각을 했다.

— 그런데 당신은 왜 이런 얘기를 듣고 싶어? 알겠지만 나는 뭔가를 재밌게 얘기할 수 있는 사람도 아닌데.

나는 궁금했다. 왜 그는 내 얘기도 아니고 자신의 얘기도 아닌, 이런 얘기를 듣고 싶어 할까. 포털 사이트에 검색만 하면 얼마든지 알 수 있는 그런 얘기들인데 말이다.

— 당신이 늘 주머니 속의 사탕 같은 사람이길 바라니까.

그는 그렇게 말했다. 잘 알아들을 수 없는 말이었다. 분명 어떤 종류의 고백인데 그게 무슨 고백인지, 나로서는 감이 잘 잡히지 않았다. 그러나 더 물을 수 없었다. 어색했다. 우린 이런 게 어색한 나이였다. 이런 상황을 어색해 하는 관계이기도 했다. 그 관계가 어떤 관계인지 물으면 나는 아직 할 말이 없다. 친구라고 말하기도 어렵고 연인인 사이도 아니었다. 그냥 서로 말을 나누는 사이. 그 정도였다. 하지만 왠지 뭔가 더 할 말이 남은 것 같기도 했다.

— 어렵네.

나는 그렇게 말했다.

— 관계는 늘 어려워. 이해만으로는 부족하기도 하고.

그도 그렇게 말했을 뿐이다.

우리는 같은 길을 달려 어디로 가고 있는 것일까. 아직 알 수 없다. 그러나 아주 오랫동안 먼 길을 돌아 여기까지 왔고, 또 그와 함께 다시 어딘가로 달려가고 있다는 사실을 알 뿐이다. 주머니 속의 사탕을 오래 만지작거리며 말이다.

손의 고백

〈아무도 머물지 않았다 The Past〉(2013)

언젠가부터인지 알 수 없지만 손의 모양을 통해 상대를 읽는 버릇이 생겼다. 특별한 계기가 있었거나 누가 귀띔을 한 적은 없었다. 그저 손을 보고 있으면 그 사람의 마음이 보이는 것 같은 착각에 빠지곤 하는 것이다.

내가 만나는 사람들의 손은 대부분의 정신노동자들이 그렇듯 깔끔하다. 손톱은 지나칠 정도로 바짝 깎여 있고, 길고 창백하고 매끈했다. 책상 밑으로 숨기거나 가지런히 깍지를 낀 채 테이블 위에 올려 둔다든지 쉴 새 없이 볼펜을 돌려대는 그 손들을 바라보고 있노라면 나도 모르게 저절로 자세와 말투가 딱딱해진다. 이에 질세라 상대 또한 한층 더 방어적이고 의례적으로 변한다. 악순환의 연속이다. 나 때문이다. 그러나 어쩔 수 없는 일이다. 나는 손을 통해 상대를 읽는 쪽이 한결 더 편하게 여겨지는 사람이다. 다만 상대가 눈치채지 못하도록 조심하고 또 조심할 뿐이다.

그날도 하릴없이 찻집에 앉아 있다가 어떤 손을 보았다. 여자의 손이었다. 그녀의 손은 불안해 보였다. 주변을 두리번거리거나 입구 쪽을 쳐다보지는 않았지만 테이블 위에 가지런히 놓인 두 손으로 쉴 새 없이 테이블을 두드리고 있었다. 빠르게 뛰는 자신의 심장 박동을 애써 다스리고 있는 것처럼 보였다. 오지 않는 누군가를 기다리고 있구나. 나는 그렇게 생각했다. 반드시 올 거라고 믿는 것이 아니라, 어쩌면 영영 못 볼 수도 있는 사람을 애써 태연한 척 기다리는 사람. 그 손은 끝내 아무것도 붙잡지 못할 것이다.

결국 여자는 자리에서 일어섰다. 유리컵에 남은 얼음은 이미 다 녹았고 테이블 위에는 점점이 어지러운 물 얼룩뿐이었다. 여자의 손가락들이 만든 물방울. 누군가를 기다리다 포기한 손에는 물기가 배어 있다. 예매한 영화의 상영 시간이 다가오고 있었다.

비 내리는 평일 오후의 극장은 썰렁했다. 영화를 보면서도 내내 테이블 위에 남은 물방울들이 머릿속을 맴돌았다. 아무리 애를 써도 올 사람은 오고, 오지 않을 사람은 오지 않는다. 결국 그 자리에 남는 건 얼룩을 만들며 말라가는 물방울뿐이다.

영화는 이미 과거형이 되어버린 사랑처럼 시종일관 담담했다. 한 남자와 여자가 만났고, 헤어졌다. 그리고 그 사이에 아이들이 남았다. 남자의 친자도 아닌 아이들은 내내 떠난 남자를 아버지라 여기며 그를 그리워했다. 영화는 남자가 그들에게 돌아오는 장면에서 시작하지만 그렇다고 아주 돌아온 것은 아니었다.

영화는 결혼과 동거와 데리고 온 아이와 남은 아이들로 어지러운 가계도를 그리며 흘러갔다. 몹시 난감한 가계였지만 생각해보면 얼마든지 현실적으로 가능한 가계이기도 했다. 현대는 이혼과 재혼과 별거와 그 밖의 온갖 제도가 남긴 여러 문제점들이 과열적으로 드러나는, 그야말로 상실 이후의 시대다. 남겨진 사람과 떠난 사람의 일상을 그린 이 영화는 상실의 가장 집약된 어떤 표본을 '손'을 통해 제시하는 느낌이었다. 물론 카메라는 무심히 그들의 손을 훑고 지나간다. 운전석에 앉은 남자와 조수석에 앉은 여자가 취하는 손의 방향이나 도망치는 딸을 잡으려는 아버지의 손, 혹은 다른 여자에게 가려는 남편 앞에서 겨우 손가락을 움직여 보이는 식물인간이 된 아내. 그들의 손은 모두 아무것도 되돌릴 수 없는 과거와 돌아선 자의 등을 향한다.

가끔 말은 마음을 배반한다. 대부분 결정적 순간에 일어나는 일이다. 우리가 후회하는 과오는 대부분 결정적 순간에 내뱉는 한마디에서 비롯된다. 그건 듣는 쪽이나 말하는 쪽 모두에게 해당한다. 그때 그 말을 듣지 않았다면, 우리의 지금과 미래는 판이하게 변했을지도 모른다. 어쩌면 내가 누군가의 손을 주의 깊게 보기 시작한 건 그걸 깨달은 즈음이었던 것 같다. 물론 상대의 눈을 바라보는 방법이 더 정확하겠지만 당신은 때로 너무 멀리 있다. 당신의 손보다 더.

가끔 말은 마음을 배반한다. 대부분 결정적 순간에 일어나는 일이다.

우리가 후회하는 과오는 대부분 결정적 순간에 내뱉는 한마디에서 비롯된다.

그건 듣는 쪽이나 말하는 쪽 모두에게 해당한다.

그때 그 말을 듣지 않았다면,

우리의 지금과 미래는 판이하게 변했을지도 모른다.

어쩌면 내가 누군가의 손을 주의 깊게 보기 시작한 건 그걸 깨달은 즈음이었던 것 같다.

물론 상대의 눈을 바라보는 방법이 더 정확하겠지만 당신은 때로 너무 멀리 있다.

당신의 손보다 더.

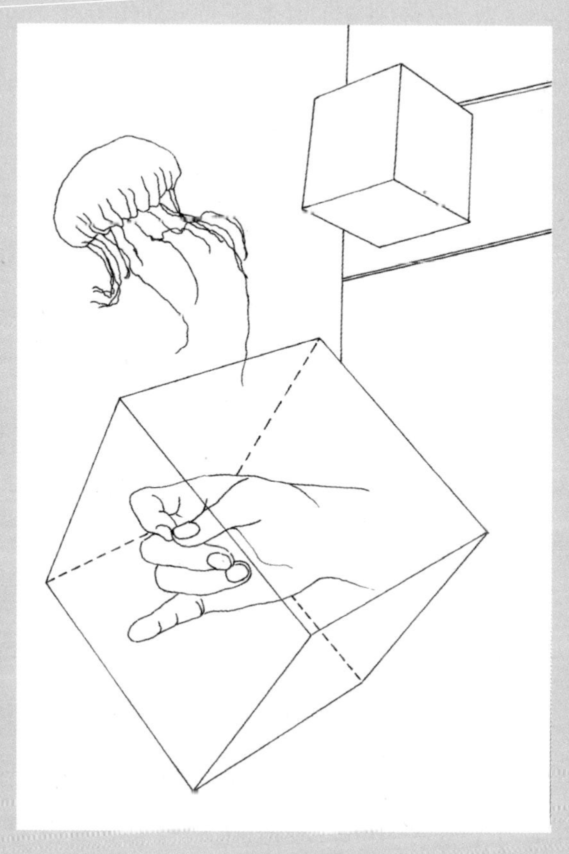

불이 켜졌고 얼마 되지 않던 관객들은 모두 자리에서 일어났다. 영화의 엔딩 자막은 빠르게 흘러가고 있었다. 영화의 여운 때문에 좀처럼 일어날 수 없었던 나도 마침내 좌석에서 일어났다. 그런데 내가 마지막이라고 생각했던 상영관 안에 아직 누군가 앉아 있었다. 오지 않을 누군가를 기다리던 그녀였다. 왠지 반가운 마음이 들었지만 그뿐이었다. 우리는 모두 우연을 기다리지만 우연을 가장하기에는 너무 노회한 사람들이었다. 나는 그녀를 남겨두고 상영관을 빠져나왔다. 여전히 비가 내리고 있었다. 그리고 나는 내내 들고 있던 우산이 사라졌다는 걸 깨달았다.

한때 우산을 잃어버리듯 사랑을 잃어버린 적이 있었다. 어디서 놓쳤는지 나는 오랫동안 몰랐다. 그저 나의 부주의를 탓하고 일기를 탓했을 뿐이었다. 그러나 늘 일어날 일은 일어난다. 중요한 건 앞으로의 일이다. 잃어버린 우산에 대한 미련은 여전하지만 미련을 갖는다고 해서 상황이 달라지지는 않을 거다. 내가 마음에 썩 드는 건 아니지만 그렇다고 나를 탓하며 마냥 시간을 보낼 수는 없었다. 날마다 조금씩 나아지는 것 외에는 달리 도리가 없었다. 나는 극장으로 되돌아가 내가 앉았던 자리를 더듬었다. 아직 너무 늦은 건 아닐 거라고 생각했다. 다행히 우산은 좌석 손잡이에 걸려 있었다. 너무 늦기 전에 자신의 실수를 깨닫는 것. 내가 수없이 우산을 잃어버리고 나서 알게 된 건 고작 그런 사실이었다.

[영화는 끝났어?]

그에게서 문자가 왔다. 언제나처럼 응,이라고 쓰고 나니 더 이상 할 말이 떠오르지 않았다.

[뭐 필요한 거 없어?]

그가 또 나에게 그렇게 물었다. 문득, 오래전의 어느 날이 떠올랐다. 누군가에게 필요한 것이 뭔지 궁금해지는 순간들. 어떤 감정은 그렇게 온다. 나는 우산을 옆구리에 낀 채 그에게 문자를 보냈다.

[같이 저녁이나 먹을까?]

[그래.]

비가 그치고 건물들 사이의 하늘이 사양斜陽으로 물드는 게 보였다. 다시 새로운 저녁이 다가오는 봄이었다.

흔들리는 이야기

〈셰임 Shame〉 (2011)

우리는 때때로 고독하다. 그것이 어디에서 연유하는 것인지도 모르고, 정체도 알 수 없다. 다만 스마트폰으로 정보가 범람하는 인터넷을 뒤적거리면서, SNS로 타인의 사정에 정신을 팔다 보면 어느덧 자신의 집 앞이다. 그리고 불 꺼진 창을 바라보며 한 번쯤 당신은 고독이라는 단어를 떠올리게 될지도 모른다. 데이비드 리스먼은 이와 같은 현대의 고독을 다음과 같이 정의한다.

"고독은 이 사회의 가장 큰 특징이다. 자기 내부에서 행복을 찾는 능력을 상실했기 때문에 인간은 늘 불안하고 고독하다. 타인이 곧 지옥이고 천국이기 때문에 자아는 사라져간다."[3)]

3) 데이비드 리스먼, 『고독한 군중』, 문예출판사, 1999.

백신이 발명되고 철도가 생기고 카메라의 탄생으로 우리는 그 전과는 비교도 되지 않을 만큼 건강해졌고 이동이 자유로워졌으며 마음에 드는 풍경을 오랫동안 소유할 수 있게 되었다. 또한 각종 매체의 발달로 나는 당신을 만나는 일이 훨씬 더 용이해졌고 당신과의 소통 또한 언제든 편하게 할 수 있다. 그러나, 왜 우리는 고독할까. 우리는 마주 앉아 있는데 왜 마음은 이렇게 공허한 것일까.

— 이 영화를 단순히 그렇게만 보는 게 맞을까?

그에게 내가 쓴 글을 보여준 건 처음이었다. 사실 이 영화는 훌륭했지만 글을 쓰는 동안 나는 내내 자기 검열에 시달려야 했다. 어떤 단어들은 썼다 지우기를 여러 번 하다가 결국 삭제되기도 했고 내가 본 게 과연 맞는지에 대해서도 꽤 오랜 시간을 고민했다.

— 그게 정답인지 아닌지에 대해 고민하면서 쓸 필요는 없잖아.

그의 충고는 내가 가장 걱정하던 부분에 대한 것이었다. 나는 애써 나를 변명했다. 변명이었지만 그게 내 진심이기도 했다.

— 쓰는 자가 느끼는 두려움 같은 것도 있어. 해석은 늘 다양해야 하지만 그 다양성도 나름의 근거가 있어야 하니까.

— 그러니까, 당신이 이 영화를 보고 느낀 게 단순히 현대인의 고독뿐이냐고. 그날 우리는 그렇게 얘기하지 않았던 거 같아서 하는 말이야.

조금 무안해진 나는 목소리를 높였다.

— 그럼 그런 얘기를 사람들이 다 보는 잡지에 막 쓰란 말이야?
— 아니. 쓸 수 없으면 안 쓰면 되지. 근데 당신이 너무 상투적인 말만 골라 썼다는 게 문제라고 생각하는 거야, 나는.

나는 애꿎은 회냉면만 젓가락으로 돌돌 말아댔다. 뭐라 할 말이 떠오르지 않았다.

— 이봐요.

그가 나를 그렇게 부르는 건 뭔가 진지하게 내게 하고 싶은 말이 있다는 의미였다. 더 이상 진지해지면 곤란해. 나는 속으로 생각했다. 어쩌면 나는 오래전부터 그걸 알고 있었지만 내가 만든 상대의 경계를 넘는 건 언제나 쉽지 않았다.

— 말씀하시죠.

— 괜찮아. 두려워하지 말고 당신이 진짜 쓰고 싶은 대로 써. 내가 언제나 읽어줄게.

내 머리를 쓰다듬으며 그가 말했다. 그는 정말 이상한 상황에서 가끔, 내 머리를 쓰다듬는다.

〈셰임〉은 현대의 고독에 관한 영화다. 물론 혹자는 비밀에 관한 영화라고 할 수도 있고, 인간의 수치심에 관한 영화라고 할 수도 있을 것이다. 비밀과 수치심은 '나'와 '타자'라는 관계에서 비롯되는 것이며 현대의 고독은 대부분 '군중 속의 고독'이라는 형식을 갖는다. 결국 고독은 끊임없이 '나'라는 존재를 자각하고 그 자각에서 발생하는 '타자'의 존재를 인식하게 되는 공간적인 감정이다. 이 영화에서 비밀과 수치심을 자극하고 추동하는 힘은 바로 그 '공간'에서 시작된다.

한 남자가 침대에 누워 물끄러미 천장을 응시한다. 카메라는 오랫동안 푸른 시트와 그 위에 누운 창백한 남자를 보여준다. 남자의 눈빛은 공허하다 못해 서늘하다. 이윽고 그는 침대에서 일어나 침실 바깥으로 나온다. 자동 응답기를 켜자 한 여자의 목소리가 흘러나온다. 두 번째도, 세 번째도, 네 번째도 그녀다. 그녀가 누구인지는 알 수 없지만, 전화기 속에서 흘러나오는 내용으로 추측건대 그와 몹시 가까운 사이임에 분명하다. 그 장면을 통해 다른 정보를 얻을 수 있다면, 그의 사회적 관계의 폭이 그리 넓지 않다는 사실이다. 익명의 그녀는 그를 원하지만, 그는 특별히 동요하지 않는 것 같다. 그럴 수도 있다. 누군가와 함께라는 사실이 반드시 외로움이나 고독의 충족으로 연결되는 것은 아니니까. 오히려 함께 있음으로써 외로움과 고독이 한층 더 가중되는 경험을 우리는 누구나 한 번쯤 해봤으니까. 이처럼 이 영화의 처음은 단순히 뉴욕이라는 거대한 군중의 무리 속에서 혼자 사는 남자의 이야기인 것처럼 보였다.

영화의 주된 이야기는 남자(브랜든)의 비밀에 관한 것이다. 아무에게도 털어놓을 수 없는 그 비밀은 스스로도 견딜 수 없을 만큼 수치스러운 것이라서 남자의 삶은 점점 더 공허해진다. 바로 섹스 중독이 그것이다. 얼핏 보기에는 성공한 뉴요커처럼 보이지만 그는 하루에도 몇 번씩 화장실을 들락거리며 수음을 하고 밤마다 콜걸을 사거나 인터넷 음란 사이트에 접속하기를 그만두지 못하는 남자다. 오직 돈으로 거래되는 행위에서 위안을 찾는 것은 스스로가 생각하기에도 수치스럽기 그지없다. 그걸 깨달을수록 남자는 더 섹스에 집착하고 그럴수록 섹스는 다분히 자학적이고 폭력적인 양상을 갖게 된다. 그야말로 악순환의 연속이다. 그런 그의 삶에 갑자기 누군가 침입했다. 집 안에 누군가 있는 것이다. 야구 방망이를 들고 집 안을 살피던 남자는 갑자기 화장실 문을 연다. 그리고 샤워를 하고 있는 상대에게 야구 방망이를 휘두르려는 찰나, 그가 바로 자신의 여동생 씨씨임을 알게 된다. 벌거벗은 여동생과 야구 방망이를 든 남자. 남매지간이라지만 어쩐지 이상한 상황이다. 곧 씨씨가 자동 응답기 속의 주인공이라는 것이 밝혀진다.

씨씨는 떠난 연인에게 전화를 해서 사랑을 애걸하기도 하고 오빠 브랜든의 직장 상사와 하룻밤의 연애를 즐기고도 그것이 사랑이라 믿고 싶어 하는 그런 여자다. 브랜든은 끊임없이 여자를 갈아치우고 씨씨는 끊임없이 남자들에게 애정을 구하는 것이다. 이처럼 전혀 다른 방식으로 자신의 고독을 견디는 남매의 동거가 행복할 리 없다. 둘은 끊임없이 서로 줄 수 없는 것을 요구하고 채워지지 않는 내부의 공허를 확인하며 불화한다. 그들의 고독은 그 불화에서 비롯된 것일까.

— 그 남매의 싸움이 보는 내내 불편했어. 마치 연인들의 싸움같이 여겨졌거든. 나만 그랬나?

그가 내 눈치를 보며 말했다. 아닌 게 아니라, 내가 보기에도 남자의 자동 응답기 속에 씨씨가 남긴 말이라든지 다른 남자와 자신의 아파트에서 밤을 보내는 씨씨를 대하는 남자의 태도가 남매라기보다는 질투에 눈이 먼 연인의 그것처럼 보였다. 그렇다면 과연 이 영화는 비윤리적인 사랑을 감당해야 하는 이들의 이야기일까, 아니면 현대인들의 고독에 대한 영화일까.

영화 속에서 스치듯 언급되는 그들의 고향은 아일랜드다. 대도시에 사는 대부분의 사람들이 그렇듯, 남자는 유목민처럼 떠도는 사람이다. 과거에 무슨 일이 있었는지에 대해서는 언급되지 않지만 그가 근거지로부터 멀리 떠나왔다는 것은 잊고 싶은 것이 있거나 도망친 것일 확률이 높다. 실제로 그들은 지금도 끊임없이 현실에서 도망치고 있다. 브랜든은 병적 탐닉으로, 씨씨는 자살 시도라는 극단으로. 이미 그녀의 팔에 여러 개 자상의 흔적들이 있는 것으로 보아 한두 번 있는 일도 아니다. 근거지로부터 도망친 오빠와 자해의 흔적으로 가득한 여동생이 밀어낼수록 더 집착하는 관계로 얽혀 있다는 사실에서 오누이라는 설정을 빼면 상황은 명확해진다. 물론 영화는 끝까지 분명하게 '그것'이 무엇인지에 대해 제시하지 않는다.

"우린 나쁜 사람이 아니야. 우린 그저 나쁜 곳에 와 있을 뿐이야."

병원에 누운 씨씨는 남자에게 그렇게 말해준다. 그 말은 마치 남자에게 하는 말 같기도 하고 스스로에게 하는 위로 같기도 하다. 다시 말해 자신들의 잘못은 결국 '곳(공간)'에서 기인하는 것이다. 그곳은 단순히 공간에 그치는 것이 아니라 시간성을 포함하는 것으로 이해할 수 있는 여지를 남긴다. '나쁜' 건 사람이 아니라 결국 상황과 때라는 말이다. 그들에게는 말할 수 없는 어떤 비밀이 있다. 그것도 나쁘다고 표현할 수 있는 수치스러운 비밀 같은 것. 그것이 뭔지 영화는 끝까지 명확히 보여주지 않는다.

— 틀렸을 수도 있어.

— 뭘 그런 걸 걱정해. 당신이 그랬잖아. 옳고 그름이 있는 게 아니라 오직 다름이 존재하는 거라고.

— 혈연지간의 사랑이 금지된 시대에 살고 있으니까.

— 금지된 걸 쓰면 안 되는 시대를 살고 있는 건 아니잖아. 문학이 도덕책일 필요는 없어.

— 다들 범주 안에 살면서 범주를 뛰어넘음을 꿈을 꾸지만 막상 그런 기회가 오면 망설이지 않을까. 내가 딱 그런 꼴이야. 문학이 도덕책일 필요가 없다는 걸 알지만 오랫동안 도덕을 강요받았으니까.

— 당신이 헛꿈을 꾸는 건 아니잖아. 잘은 모르지만, 문학은 가능성의 세계에 대해 말하는 거 아닐까. 물론 강요하는 사람은 없어. 좀 자유로워지라는 거야.

미처 깨닫지 못하는 사이에 나는 많은 단어를 얻었고 동시에 또 많은 단어를 잃었다. 글을 쓰기 시작하고 난 후부터의 일이다. 글을 쓸 때마다 자기 검열로 수없이 많은 단어들이 지워졌고 또 새로운 단어 찾기에 골몰해야 했다. 어쩌면 그건 두려움 때문이었다. 이해받지 못할 거라는 두려움, 혹은 바닥을 드러내게 될지도 모른다는 두려움. 그와의 대화를 통해 그건 평생 가져가야 할 것이면서 동시에 내가 극복해야 할 감정이 될 거라는 예감이 들었다.

— 우리가 서로를 완전히 이해한다는 건 불가능한 일이겠지?
— 글쎄. 그건 시간이 걸리는 일이지 불가능한 일은 아닐 거야.
— 그렇게 믿어?
— 그렇기도 하고. 또 완전히 이해할 필요가 있을까 싶기도 해.

그의 대답에 나는 적잖게 실망했지만 내색하지 않았다.

— 그래. 완전히 이해할 필요는 없지. 뭐 쉬운 것도 아니고…….
— 이해가 관계의 전부는 아니야. 그러니까, 너무 걱정하지 마.

내 어깨를 두드리며 그가 말했다. 그리고 정류장으로 다가오는 버스를 향해 내 손을 잡고 뛰기 시작했다.

— 가자.

이 세계는 높고 멋있는 건물들로만 구성되는 세계가 아니다. 건물이 높아질수록, 건물과 건물 사이에 존재하는 골목은 더 깊고 어두워진다. 매번 새날을 꿈꾸며 잠이 들지만 매번 아무것도 달라진 것이 없는 그 깊은 세상에서 우리가 할 수 있는 일은 그저 흔들리며, 그 흔들림을 자각하며 똑바로 걷기 위해 애쓰는 일일 것이다. 정작 두려워해야 할 일은 흔들리는 시간에 대한 것이 아니라 흔들리는 줄도 모르고 지나가는 시간에 대한 것이다. 봄밤의 꽃들이 지는 것을 보며 나는 그렇게 생각했다. 그러니까, 마음껏 뭔가 할 수 있는 동안은 괜찮을 거다. 어둠을 지나는 동안은 많은 일들을 걱정하지 않아도 좋을 거니까. 그의 충고대로 나는 지나치게 걱정하지 않는 법을 배워간다.

To her

〈Her〉(2013)

그리 멀지 않은 옛날, 섬사람들의 소원은 육지에서 사는 것이었다고 한다. 나는 그 꿈이 제약 없이 자유롭게 살고 싶다는 의미라고 생각했다. 그러나 섬에 가서 알았다. 그들이 꾸는 꿈은 단순히 자유에 대한 의지라기보다 외로움에서 시작된다는 사실을 말이다.

배가 끊긴 섬은 그야말로 섬이 된다. 밤은 길었고 낮은 고적했다. 고작 며칠이었지만 나는 내내 오래된 꿈에 대해 생각했다. 뭔가 나를 찾아오리라는 꿈과 다시 뭍으로 떠나고 싶은 꿈. 결국 인간은 모두 섬과 같아서 번번이 실패하거나 실망할 것을 알면서도 꿈꾸기를 포기하지 못한다.

테오도르는 '아름다운 손글씨 닷컴'이라는 직장에서 근무하는 대필 작가다. 편지를 사적 영역 안에서 자신의 마음을 표현하는 고전적인 수단이라고 한다면, 테오도르는 누군가의 감정을 흉내내어 대신 전달하는 현대판 '시라노'인 셈이다. 자신의 것이 아닌 타인의 감정을 연기하고 생산하는 일은 고독한 작업이다. 사무실의 모든 사람들이 그렇듯 테오도르는 책상 앞에서 혼자 중얼거리고, 컴퓨터는 프로그램 된 손글씨로 그의 말을 받아 적는다. 퇴근 후의 일상도 별로 다르지 않다. 아내와 별거 중인 그의 삶은 일체의 감정이 사라져버린 것처럼 무미건조하기만 하다. 그런 그의 삶에 어느 날 완벽한 '그녀'가 나타난다. 유쾌하고 지적이며 남자의 말에 귀 기울일 줄도 알고 자신의 감정에도 솔직한 그녀(사만다)로 인해 테오도르는 잊고 지냈던 삶의 감각들을 조금씩 회복한다. 그리고 그 과정에서 오랫동안 자신이 회피했던 과거의 상처들과 대면할 용기를 얻게 된다. 하지만 그녀와의 관계는 더 이상 진전될 수 없다. 사만다 또한 프로그램 된 OS 체계 안에 존재하는 가상의 인물이기 때문이다.

— 그동안 봤던 영화나 책들은 제각각 다른 내용이었지만 어쩌면 모두 하나로 연결되는 이야기일지도 모른다는 생각이 들어.

그의 집에 처음 놀러가기 전이었는지 후였는지 확실치는 않지만 나는 그에게 그렇게 말한 적이 있다. 내 말에 그가 뭐라고 대답했는지도 분명하지 않다. 기억나는 건 오직 어느 날 문득 그와 함께 지나온 삶에 대해 내가 돌아보게 됐다는 사실과 그걸 그에게 얘기했다는 것 정도다.

— 그러니까 내가 여태 당신에게 들려줬던 나의 옛날 얘기들, 그리고 당신이 나에게 했던 많은 얘기들이 제각각 다른 얘기지만 어떻게든 이어지고 또 앞으로도 그럴 거 같다는 얘기야.

이 영화를 보며 나는 그와 함께 봤던 여러 편의 영화를 떠올리지 않을 수 없었다. 삶과 죽음과 사랑과 슬픔에 관한 영화들. 그리고 다시 T.S. 엘리엇의 말로 돌아가지 않을 수 없었다.

"현재와 과거의 시간은 미래의 시간 속에 존재하고 미래의 시간은 과거의 시간에 포함되어 있다."

비록 테오도르가 사만다에게 '과거는 자신에게 털어놓는 그저 흘러간 이야기' 같다고 말하지만 그 또한 알고 있다. 그런 과정을 거치지 않고서는 도저히 앞으로 나갈 수 없다는 걸 말이다. 지나간 시간을 인정하고 그 시간의 의미를 알아내는 것이야말로 현재와 미래의 시간을 꿈꿀 수 있는 길이다. 테오도르는 마침내 아내가 바랐던 대로 이혼 서류에 사인하기로 결심하고 그녀를 만난다. 모든 일은 잘 정리되는 것처럼 보였다. 적어도 사만다에 대해 묻기 전까지는 말이다. 그녀는 테오도르에게 진짜 감정을 대면할 용기가 없는 남자라고 비난한다. 그리고 한때 자신의 남편이었던 테오도르를 향해 다그친다.

우리는 늘 어디론가 떠나는 사람들이다.

수시로 몸과 마음은 서로를 배반하며 사랑을 잃기도 하고 잊기도 한다.

그리고 맨 마지막에 남는 건 과거의 한때에 대한 기억과 후회 혹은 아쉬움이다.

지금 알고 있는 걸 그때도 알았더라면 이 세상은 평화롭고 행복한 곳이겠지만

그런 것은 불가능한 일이다.

지금 내가 알고 있는 것의 대부분은 그때 몰랐기 때문에 얻을 수 있었던 것들이다.

"말해. 말해 봐."

그러나 테오도르는 아무 말도 하지 못한다. 자신이 그녀에게 얼마나 많은 얘기를 해왔는지 그녀는 영영 알지 못할 것이다.

손으로 쓰는 편지는 대부분 단 한 명의 독자를 향한다. 그래서 그 내용은 사적인 기억과 고백으로 이루어질 수밖에 없다. 테오도르가 쓰는 모든 대필 편지도 그랬다. 그것이 그녀에게 보내는 편지는 아니었지만, 그가 쓰는 편지들은 모두 그가 가진 실감의 언어들로 이루어진다. 자신이 처음 사랑을 확인했던 순간 방 안으로 퍼져가는 햇빛의 질감이라든지 옷섶에 묻은 얼룩에 관한 얘기, 상대의 눈에 보이는 세상 일들에 대해 알고 싶어하는 마음은 모두 테오도르의 진심이었다. 그의 편지들이 감동적이고 따뜻하고 행복하게 여겨졌던 건 그 때문이다. 그의 편지는 매번 진짜였고 진심이었다. 그러나 그 진심의 유일한 상대였던 그녀는 결국 떠났다.

— 어쩌면 자신이 하는 말을 들어줄 사람이 있다는 건 기적이라는 생각이 들었어.

나는 곁에 앉아 있는 그에게 말했다. 그는 내 말을 듣기만 했다.

— 그건 마치 어려운 책을 읽는 것처럼 조심스럽고 천천히 읽어야 하는 거야. 그래서 오랜 시간이 걸리고, 또 때론 하품을 참아야 하는 날이 올지도 몰라. 그런 날이 오더라도, 고마워. 잊지 않을게.

— ……영화처럼?

그가 물었다.

— 영화처럼.

나도 웃으며 대답했다.

우리는 늘 어디론가 떠나는 사람들이다. 수시로 몸과 마음은 서로를 배반하며 사랑을 잃기도 하고 잊기도 한다. 그리고 맨 마지막에 남는 건 과거의 한때에 대한 기억과 후회 혹은 아쉬움이다. 지금 알고 있는 걸 그때도 알았더라면 이 세상은 평화롭고 행복한 곳이겠지만 그런 것은 불가능한 일이다. 지금 내가 알고 있는 것의 대부분은 그때 몰랐기 때문에 얻을 수 있었던 것들이다. 사소하게 흘려버린 말과 글들이 얼마나 스스로에게 소중한 것들이었는지, 잃어보지 않은 사람은 모른다. 혹은 잃고서도 그것이 뭔지 모르는 채로 평생을 살다가, 죽음을 목전에 둔 어느 날 알게 될 것이다. 그게 삶이었다는 걸, 사랑이었다는 걸.

내가 잃어버린 우산들은 각양각색이었지만 그것들은 늘 나에게 없어서는 안 되는 것들이었고 제각각의 의미를 가진 것들이었다. 말하자면 나는 매번 세상에서 하나뿐인 우산을 여러 개 기억하고 있는 것이다. 사랑도 그렇다. 사랑의 정의는 매번 바뀌었지만 각각의 정의는 진짜였고 진심이었다. 그래서 나의 사랑은 언제나 처음이고, 마지막인 사랑들이었다.

— 적당한 거리를 유지하면서 성장하는 것, 서로를 겁먹게 하지 않으면서 변화하고, 삶을 공유하는 것.

그가 중얼거렸다. 영화 속 테오도르가 말한 사랑의 정의였다.

우리는 상자처럼 조용히 앉아 있었다. 그 상자 안에 새롭게 뭐가 담길지 아직 알 수 없다. 그러나 여태까지 한 번도 경험한 적 없는 어떤 말들이 우리가 가진 상자를 다시 채울 거라 예감할 뿐이었다. 영화처럼, 새로 시작되는 영화처럼.